Vorwort

Plätzchen sind beliebt bei Groß und Klein, bei Jung und Alt. Egal ob sie zart und knusprig, süß und glänzend, aromatisch und farbenfroh, ingwerscharf oder honigsüß, schlicht oder raffiniert, jedenfalls allzeit appetitlich sind — diesen Gaumenschmeichlern kann keiner widerstehen. Nichts ist dauerhafter als die Liebe zu diesen Genüssen vom Blech, denen schon unsere Mütter, Großmütter und Urgroß-mütter huldigten. Einfallsreich sind die Zubereitungsarten, vielseitig die Geschmacksrichtungen, groß Begeisterung und Akkuratesse. Freilich gab es bei den Altvorderen weniger Küchenkomfort und bescheidenere Zutaten. Sie nahmen dafür die Fantasie zu Hilfe. Und die ist auch heute noch mit von der Partie, wenn geschnippelt, gehackt, gerührt, geschlagen, gestoßen, ausgerollt, ausgestochen, komponiert und ausprobiert wird. Welch vertraute wunderbare Wohlgerüche durchströmen das Haus, wenn Mandel-, Haselnuss-, Zucker-, Eier-, Anis-, Butter-, Rum-, Kokos-, Honig- oder Koriander-plätzchen, Makronen, Pfefferkuchen, Zimtsterne, Vanillekipferl oder Bethmännchen gebacken werden. Plätzchen herstellen, sie glasieren und verzieren ist eine Kunst, die jeder kann. Backzeit ist immer, denn Lust auf diese süßen Leckereien hat man das ganze Jahr über. Im Nu kann man kleine Meisterwerke schaffen — für die Familie, für Freunde und Verwandte! Und wenn diese süßen Glanzlichter dann unsere Sinne betören, dann gibt es nur einen Rat: Probieren und nach Herzenslust genießen!

Ihre Oda Tietz

Plätzchenbacken – einige Tipps

Das richtige Handwerkszeug ist wichtig beim Plätzchenbacken. Und was fast noch wichtiger ist: Alles muss blitzsauber sein. Folgende Küchenhelfer sollten Sie beim Plätzchenbacken griffbereit haben: Ausstechförmchen, Backbleche, Backpapier, Backpinsel, Handrührgerät, Küchenwaage, Kuchengitter, Litermaß, langes und breites Messer, Mandelmühle, Mehlsieb, Messbecher, Quirl, Palette, Reibeisen, Rührlöffel, Rührschüssel (aus Plastik, Edelstahl oder Keramik), Schneebesen, Spritzbeutel, Loch- und Sterntüllen, Teigschaber, Teigrolle, Teigrädchen, Zitrusstreifer, Zitruspresse. Vor Backbeginn sollten Sie die Zutaten stets abwiegen – Backen ist Maßarbeit! – und in Reichweite stellen. Auf den Teig wirkt es sich günstig aus, wenn die Zutaten, falls nicht anders angegeben, die gleiche Temperatur haben. Und nicht vergessen: Den Backofen auf die angegebene Temperatur vorheizen.

Das Beste ist gerade gut genug

Butter, Eier und Sahne sollten immer frisch und von bester Qualität sein. Butter ist ein wichtiger Geschmacksträger und macht den Teig so richtig zart. Je länger ein Teig geknetet wird, desto mehr zergeht er später auf der Zunge. Butter wird meist zimmerwarm oder geschmolzen zu den übrigen Zutaten gegeben. Doch wie immer bestätigt auch hier die Ausnahme die Regel: Bei der Zubereitung von Mürbteig muss die Butter eiskalt sein.

Die in den Rezepten angegebenen Eier entsprechen der Gewichts-klasse M (65 bis 70 Gramm). Eier dienen dem Backwerk als Bindemittel und geben ihm Glanz, Farbe und Nährwert. Weil sie aber zu den leicht verderblichen Lebensmitteln zählen, sollten sie, bevor man sie an den Teig gibt, über einer Tasse aufgeschlagen werden. Hat das Eigelb eine kugelige Form und ist das Eiweiß dickflüssig, ist das Ei frisch. Die Frische lässt sich auch überprüfen, indem man das Ei in ein Glas mit kaltem Wasser legt. Sinkt das Ei auf den Boden, hat es die für den Teig gewünschte Qualität. Eier sollten stets im Kühlschrank aufbewahrt werden. Soll Eiweiß zu Schnee geschlagen werden, muss man penibel darauf achten, dass die Arbeitsgeräte sauber und vor allem fettfrei sind. Beim Schlagen die Prise Salz nicht vergessen! Sie macht das Eiweiß geschmeidiger. Mit Eischnee zubereitete Teige sollten Sie nicht stehen lassen, sondern sofort in den Backofen schieben. Und: Eiweiß immer erst kurz vor der Weiterverarbeitung zu Schnee schlagen. Bei längerem Stehen wird der Eischnee flüssig.

Salz und Zucker sind immer mit dabei. Der Zucker spielt dabei die größere Rolle. Für die Rezepte werden feiner Raffinade-Haushaltszucker und Puderzucker (für Zuckerglasuren unentbehrlich!) verwendet. Puderzucker sollten Sie stets sieben. In einigen Rezepten wird brauner Zucker verwendet. Brauner Zucker ist ungereinigt, mehr oder weniger raffiniert, würzig und klebrig.

Weizenmehl – gut geeignet ist das fast schneeweiße Auszugsmehl (Type 405) – sollte stets gesiebt dem Teig zugegeben werden. Dann ist es aufgelockert – Teig braucht Luft! – und verbindet sich leichter mit den übrigen Zutaten. Bei Vorratshaltung ist darauf zu achten, dass es trocken gelagert und vor Fremdgerüchen geschützt wird. Wer gerne und häufig Plätzchen oder Kuchen backt, für den lohnt sich die Anschaffung einer Getreidemühle. Denn frisch gemahlenes Mehl verfeinert jedes Backwerk.

Speisestärke wird aus Kartoffeln, Reis, Mais oder Weizen gewonnen. Bei Biskuitteig ist sie gern gesehen, denn sie macht den Teig feinporiger und zarter.

Unentbehrliche Triebmittel

Backpulver sorgt dafür, dass die Plätzchen luftig-locker werden. Backpulver sollte trocken und kühl aufbewahrt und, bevor es an den Teig kommt, mit Mehl vermischt werden. Auf 500 Gramm Mehl rechnet man 1 Päckchen Backpulver.
Pottasche ist ein Triebmittel, das für Honigkuchenteige verwendet wird, die längere Zeit ruhen sollen. Die Wirkung ist wie beim Backpulver, allerdings setzt die Triebkraft nicht sofort ein, sondern entwickelt sich während der Lagerzeit. Bevor Pottasche an den Teig gegeben wird, muss sie aufgelöst werden, am besten in Rum oder Weinbrand.
Hirschhornsalz ist vor allem ein Triebmittel für Pfefferkuchen. Die Triebkraft entwickelt sich erst im Backofen bei Temperaturen über 60 °C.

Verfeinerung gehört dazu

Rosenwasser verfeinert Kuchen oder Marzipan. Man kann es selbst herstellen (Rezept siehe Seite 53). Wem das zu aufwendig ist: Apotheken bieten eine Rosenöllösung an. Für 1/4 Liter Wasser genügt 1 Tropfen. Kuvertüre ist unentbehrlich. Sie eignet sich für weiße oder dunkle Glasuren. Sie wird zerkleinert und im Wasserbad bei maximal 50 °C geschmolzen. Zu starke Hitze bekommt ihr nicht, dann bilden sich Krümel. Besonders glanzvoll fällt sie aus, wenn man sie nach dem Abkühlen noch ein weiteres Mal zum Schmelzen bringt.

Mit Kuvertüre kann man kleine Kunstwerke für Plätzchen und Pfefferkuchen zaubern: Man gießt eine dünne Schicht geschmolzene Kuvertüre auf eine kratzfeste Unterlage (Marmor- oder Glasplatte oder Backblech). Sobald die Masse erstarrt ist, schabt man sie mit einem Spatel zu kleinen Röllchen oder sticht mit kleinen Ausstechformen Herzen, Kleeblätter, Sonne, Monde aus. Besonders hübsch sehen auch Schokoladenblätter aus. Dafür pflückt man Rosen- oder Veilchenblätter, bestreicht die Blattunterseite mit geschmolzener weißer oder brauner Kuvertüre und lässt sie fest werden. Danach gibt man noch eine zweite Kuvertüreschicht darauf. Sobald die Masse erstarrt ist, zieht man die Blätter vorsichtig ab. Zimmerwarme Kuvertüre eignet sich für Schokoladenspäne, man kann sie leicht mit dem Kartoffelschäler abschaben. Für Schokoladenraspeln braucht man gut gekühlte Kuvertüre und ein Reibeisen mit grober Scheibe.

Schokolade lässt sich leichter reiben und raspeln, wenn man sie vorher im Kühlschrank aufbewahrt.

Konfitüren sollte man vor dem Aufstreichen durch ein Sieb geben.

Kokosraspel veredeln den Teig und verzieren Plätzchen. Zu lange lagern sollte man geraspelte Kokosnüsse nicht, sie verlieren rasch ihr Aroma und werden ranzig. Besonders bei geöffneten Packungen ist schneller Verbrauch empfohlen. Am besten schmecken natürlich selbst bereitete, frische Kokosraspel.

Marzipan-Rohmasse eignet sich für Schmuckelemente oder als schützender Plätzchenmantel (verhütet vorschnelles Austrocknen). Für Glasuren bildet die aus enthäuteten, gemahlenen Mandeln und Puderzucker hergestellte Masse eine gute Grundlage. Damit sie gut formbar wird, muss man sie mit Puderzucker verkneten. Man rechnet auf 200 Gramm Marzipan-Rohmasse etwa 100 Gramm Puderzucker. Gibt man der Masse einige Tropfen Speisefarbe zu, lassen sich Früchte, Sonne, Monde oder Sterne herstellen. Marzipan-Rohmasse liebt auch Verfeinerungen durch Rosenwasser (Rezept siehe Seite 53).

Zuckerguss macht Plätzchen nicht nur besonders hübsch, er hält sie auch länger frisch. Zuckerguss ist schnell hergestellt. Puderzucker wird gesiebt und mit etwas Flüssigkeit, z.B. Zitronensaft, Orangensaft, Rum oder Wasser, zu einer dickflüssigen Masse verrührt. Damit werden die Plätzchen glasiert und zum Trocknen auf ein Gitter gesetzt. Aus Puderzucker lassen sich auch standfeste Glasuren wie Kringel, Punkte, Linien usw. herstellen. Dafür verrührt man 125 Gramm Puderzucker mit einem Eiweiß so lange, bis die Masse cremig und glänzend ist. Eine Pergamenttüte ist unentbehrlich, wenn man filigrane Verzierungen wünscht. Sie ist schnell hergestellt. Aus Pergamentpapier ein Dreieck schneiden und von der stumpfen Seite her zur Tüte rollen. Die überstehende Spitze nach innen umschlagen. Diese Tütchen kann man mit flüssiger Kuvertüre, Schokolade oder mit Zuckerguss füllen und damit zierliche Streifen, Linien, Tupfen und Rosetten auf die Plätzchen spritzen.

Auf die Gewürze kommt es an

Vanille ist ein typisches Süßspeisengewürz und darf natürlich bei der Plätzchenbäckerei nicht fehlen. Vanillezucker gibt es im Handel als Fertigware zu kaufen, man kann ihn aber auch selbst herstellen. Stecken Sie dafür zehn Vanilleschoten in ein Glas und bedecken Sie sie mit Zucker. Verschließen Sie das Glas, und nach etwa drei Monaten haben Sie köstlichen Vanillezucker. Die Vanilleschote ist die Kapselfrucht einer tropischen Orchideenpflanze. Das Aroma sitzt nicht nur im Mark, sondern auch in der Schote selbst.

Zimt gibt es als ganze Stange oder gemahlen. Er ist kräftig würzig und leicht herb im Geschmack. Beim Plätzchenbacken ist Zimt nur in gemahlener Form von Bedeutung.

Nelken sind die getrockneten Blüten des Gewürznelkenbaumes. Beim Plätzchenbacken werden sie in gemahlener Form verwendet.

Ingwer schmeckt sehr scharf. Es gibt ihn frisch, getrocknet, kandiert oder in Sirup.

Anis gibt es als ganze Körner oder gemahlen. Er wird vorwiegend in der Weihnachtsbäckerei verwendet.

Koriander ist ein typisches Leb - und Honigkuchengewürz. Im Handel wird er als getrocknete Frucht oder in Pulverform angeboten.

Kardamom verleiht Pfefferkuchen Schärfe. Es gibt ihn im Ganzen oder gemahlen. Ratsam ist es, Kardamom ungemahlen zu kaufen, denn der Gehalt an ätherischen Ölen verfliegt sehr schnell.

Muskat sollte man nur in geringen Mengen verwenden.

Mandeln gibt es im Handel auch ungeschält. Sie sind zu empfehlen, denn sie liefern mehr Aroma. Das Abziehen der Schale geht rasch, wenn man die Mandeln mit kochendem Wasser übergießt und nach 3 Minuten zum Abtropfen in ein Sieb gibt. Nimmt man die Mandeln dann zwischen Daumen und Zeigefinger, lassen sie sich leicht aus der Schale drücken.

Pistazien (grüne Mandeln) gelten als die angenehm Süßen aus dem östlichen Mittelmeerraum. Gehackt oder gemahlen verfeinern sie Plätzchenteig und machen sich obendrein gut als Dekoration.

Nüsse kann man gemahlen und zerkleinert kaufen. Sie sollten nicht über einen längeren Zeitraum gelagert werden, weil sie schnell ranzig werden. Günstiger ist es, Nüsse im Ganzen zu kaufen, dann liefern sie bestes Aroma. Man kann sie in einer Nussmühle oder in einem Blitzhacker zerkleinern.

Gewürzmischungen, die für Pfeffer - und Honigkuchen verwendet werden, gibt es als Fertigware im Handel. Sie enthalten: Anis, Ingwer, Kardamom, Koriander, Zimt, Nelken, Piment und Muskat.

Orangen und Zitronen, deren Schale abgerieben werden soll, müssen ungewachst sein. Man bekommt sie in Naturkostläden, Reformhäusern, aber auch in einigen Supermärkten.

Zitronat, auch Sukkade genannt, gibt es als Fertigware. Darunter versteht man die in Salzwasser eingelegten und anschließend in Zucker eingekochten Schalen einer kopfgroßen Zitronenart.

Die Feinen

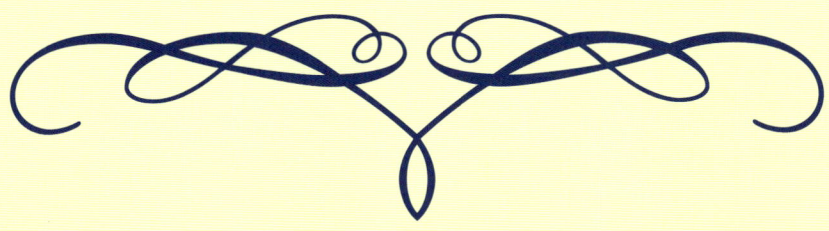

Sie sehen so verlockend aus! Diese feinen Plätzchen sind stets willkommen – zu Kaffee oder Tee oder als krönender Abschluss eines Mahls. An guten Zutaten wird nicht gespart. Und wenn die Plätzchen zudem mit Lust und Liebe gebacken und verziert werden, sind sie ein Fest für die Augen – und für den Gaumen sowieso.

Nussschnitten mit Zimt

4 Eier, 250 g Butter, 100 g Zucker, 1 TL Zimt,
1 Prise Salz, 650 g gemahlene Walnüsse, 150 g fein
zerkleinerte Löffelbiskuits, 300 ml Milch, 350 g Puderzucker,
30 g zerlassene Butter, Zuckerperlen

Die Eier trennen. Die Butter schaumig rühren. Zucker, Zimt, Salz
und Eigelbe unterrühren. Die Walnüsse, Löffelbiskuits und die Milch
zugeben und untermengen. Das Eiweiß steif schlagen und unterheben.
Ein Backblech mit Backpapier auslegen, den Teig daraufgeben und
glatt streichen. Im vorgeheizten Backofen bei 200 °C (Gas Stufe 3,
Umluft 180 °C) etwa 20 Minuten backen. Blech aus dem Backofen
nehmen und die Kuchenplatte etwas auskühlen lassen. Den Kuchen
stürzen und das Backpapier entfernen. Die Kuchenplatte in
4 Zentimeter große Würfel schneiden. Puderzucker mit 3 Esslöffel
Wasser und der Butter zu einer dickflüssigen Masse verrühren. Die
Würfel mit der Glasur überziehen und mit Zuckerperlen verzieren.

Schnelle Plätzchen

200 g Löffelbiskuits, 2 EL Kakao, 100 g gehackte Walnüsse,
3 EL Honig, 2 EL Puderzucker, 1 TL Kakao

Die Löffelbiskuits zerkrümeln und mit dem Kakao, den Walnüssen
und dem Honig mischen. Aus der Masse kleine Kugeln formen.
Puderzucker und Kakao mischen. Jede Kugel einzeln darin wälzen.
Kalt stellen.

Nusswürfel

Für den Teig:
300 g Mehl, 1 TL Backpulver,
100 g Zucker, 1 Päckchen Vanillezucker,
1 Ei, 150 g kalte Butter

Zum Bestreichen:
30 g zerlassene Butter, 100 g Zucker, 1 Päckchen
Vanillezucker, 1 Ei, 2 Eigelbe, 150 g flüssiger
Honig, 150 g gehackte Pecannüsse, 150 g gehackte
Macadamianüsse, 150 g Zartbitterkuvertüre

Mehl und Backpulver mischen und in eine Schüssel sieben. In die
Mitte eine Vertiefung drücken. Zucker, Vanillezucker und Ei in
die Mulde hineingeben und mit einem Teil des Mehls mischen.
Die Butter in Stückchen schneiden, auflegen und mit etwas Mehl
bedecken. Die Zutaten von der Mitte her mit den Händen zu
einem glatten Teig verkneten. Den Teig im Kühlschrank etwa
30 Minuten ruhen lassen. Den Teig auf bemehlter Fläche
ausrollen. Ein Backblech mit Backpapier auslegen. Den Teig
daraufgeben. Zerlassene Butter, Zucker, Vanillezucker, Ei und
Eigelbe verrühren, Honig und die gehackten Nüsse unterrühren.
Die Masse auf die Teigplatte streichen. Im vorgeheizten
Backofen bei 180 °C (Gas Stufe 2, Umluft 160 °C) etwa
25 Minuten backen. Herausnehmen und etwas auskühlen lassen.
Den Kuchen stürzen und das Backpapier entfernen.
Die Kuchenplatte in 4 Zentimeter große Würfel schneiden.
Die Kuvertüre zerkleinern, über heißem Wasserbad schmelzen
und die Würfel damit überziehen.

Buttertaler

125 g Mehl, 50 g Speisestärke, 1 TL Backpulver,
100 g Zucker, 1 Päckchen Vanillezucker, 1 Prise Salz,
15 g fein geschnittene Ingwerwurzel, 1 TL gemahlener
Kardamom, 1 TL unbehandelte, abgeriebene Orangenschale,
1 Ei, 50 g gemahlene Mandeln, 100 g kalte
Butter, 100 g Halbbitterkuvertüre, 1 TL Öl

Mehl, Speisestärke und Backpulver mischen und in eine Schüssel
sieben. In die Mitte eine Vertiefung drücken. Zucker, Vanillezucker,
Salz, Ingwer, Kardamom, Orangenschale, Ei und Mandeln zugeben.
Etwas Mehl vom Rand zufügen und einen dicken Brei bereiten.
Die Butter in Stückchen schneiden und obenauf legen. Etwas Mehl
darüberstäuben. Die Zutaten von der Mitte her mit den Händen
zu einem glatten Teig verkneten. 30 Minuten kalt stellen. Den Teig
auf bemehlter Arbeitsfläche dünn ausrollen. Taler von 5 Zentimeter
Durchmesser ausstechen. Ein Backblech mit Backpapier auslegen,
die Taler darauf anordnen. Im vorgeheizten Backofen bei 200 °C
(Gas Stufe 3, Umluft 180 °C) etwa 10 Minuten backen. Die
Kuvertüre zerkleinern und mit dem Öl über heißem Wasserbad
schmelzen. Die Taler damit verzieren.

Tipp

Sehr lecker schmecken die Plätzchen auch mit einer Limettenglasur.
Dafür 200 Gramm Puderzucker sieben und mit 1–2 Esslöffel
Limettensaft glatt rühren. Die Buttertaler damit überziehen.
Etwas unbehandelte Limettenschale abreiben und aufstreuen oder die
Plätzchen mit klein geschnittenem, kandiertem Ingwer verzieren.

Mandelplätzchen

200 g Marzipan-Rohmasse,
100 g kandierter Ingwer, 500 g gemahlene Mandeln,
200 g Zucker, 1 Eiweiß, 1 Prise Salz,
100 g Puderzucker, 1 EL Zitronensaft, Zuckerperlen

Das Marzipan zerkleinern. Den kandierten Ingwer fein schneiden. Marzipan, Mandeln, Ingwer, Zucker, Eiweiß und Salz mischen. Rollen von 3 Zentimeter Durchmesser herstellen und 1 Stunde kalt stellen. Ein Backblech mit Backpapier auslegen. Von den Rollen 8 Millimeter dicke Scheiben abschneiden, auf das Backpapier legen und im vorgeheizten Backofen bei 180 °C (Gas Stufe 2, Umluft 160 °C) etwa 12 Minuten backen. Herausnehmen und auskühlen lassen. Puderzucker mit Zitronensaft verrühren, die Plätzchen damit bestreichen und mit Zuckerperlen dekorieren.

Nussbatzen

200 g gemahlene Mandeln, 175 g Zucker, 1 Päckchen Vanille-zucker, 2 Eiweiß, 1 Prise Salz, Puderzucker zum Bestäuben

Mandeln, Zucker und Vanillezucker mischen. Eiweiß mit dem Salz steif schlagen, die Mandelmischung unterziehen. Ein Backblech mit Backpapier auslegen. Mit 2 Teelöffeln kleine Teighäufchen auf das Backblech setzen. Im vorgeheizten Backofen bei 160 °C (Gas Stufe 1, Umluft 140 °C) etwa 12 Minuten backen. Mit Puderzucker bestäuben.

Schokoplätzchen

250 g Mehl, 250 g kalte Butter, 125 g Zucker,
2 EL Kakao, 2 Eier, Hagelzucker

Das Mehl in eine Schüssel sieben. Die Butter in Stückchen zufügen. Miteinander verkneten und zu feinen Streuseln zerreiben. Zucker und Kakao zugeben. 1 Ei leicht verquirlen und ebenfalls zufügen. Einen glatten Teig bereiten und 30 Minuten kalt stellen. Auf bemehlter Arbeitsfläche dünn ausrollen. Mit Ausstechförmchen von 5 Zentimeter Durchmesser Plätzchen ausstechen. Ein Backblech mit Backpapier auslegen, die Plätzchen darauf anordnen. Das restliche Ei verquirlen, die Plätzchen damit bestreichen und mit Hagelzucker bestreuen. Im vorgeheizten Backofen bei 200 °C (Gas Stufe 3, Umluft 180 °C) etwa 10 Minuten backen.

Plätzchen mit Mandelfüllung

375 g Mehl, 200 g Zucker, 1 Päckchen Vanillezucker,
1 Prise Salz, 2 Eier, 175 g Butter, 100 g gehackte Mandeln,
100 g gemahlene Mandeln, 1 TL unbehandelte, abgeriebene
Zitronenschale, 50 g fein geschnittenes Zitronat,
150 g Vollmilchkuvertüre

Das Mehl in eine Schüssel sieben und in die Mitte eine Vertiefung drücken. 125 Gramm Zucker, Vanillezucker, Salz und 1 Ei in die Vertiefung geben. Etwas Mehl vom Rand zufügen und einen dicken

Brei bereiten. Die Butter in Flöckchen obenauf setzen und etwas Mehl darüberstreuen. Von der Mitte her mit den Händen alles zu einem glatten Teig verkneten. 30 Minuten im Kühlschrank kalt stellen. Mandeln, den restlichen Zucker, das restliche Ei, Zitronenschale und Zitronat mischen. Den Teig auf bemehlter Fläche zu einem Rechteck ausrollen und die Mandelmasse aufstreichen. Den Teig von der Längsseite her aufrollen und in 5 Millimeter dicke Scheiben schneiden. Das Backblech einfetten, die Plätzchen darauflegen und im vorgeheizten Backofen bei 200 °C (Gas Stufe 3, Umluft 180 °C) etwa 12 Minuten backen. Herausnehmen und auskühlen lassen. Die Kuvertüre im Wasserbad schmelzen. Die Plätzchen zur Hälfte hineintauchen und auf einem Kuchengitter trocknen lassen.

Fenster-Sahneplätzchen

250 g Mehl, 30 g Speisestärke, 150 g weiche Butter, 200 g Puderzucker, 1 Prise Salz, 1 TL gemahlener Sternanis, 3 Eiweiß, 25 Sahnebonbons

Mehl und Speisestärke mischen und sieben. Die Butter in eine Schüssel geben und mit dem Puderzucker, Salz und dem Sternanis verrühren. Nach und nach die Mehlmischung unterrühren. Das Eiweiß steif schlagen und unterheben. Ein Backblech mit Backpapier auslegen. Den Teig in einen Spritzbeutel mit Lochtülle füllen. Ringe von 5 Zentimeter Durchmesser auf das Backpapier spritzen. 30 Minuten kalt stellen. Die Sahnebonbons zerstoßen und jeweils in der Ringmitte anordnen. Im vorgeheizten Backofen bei 200 °C (Gas Stufe 3, Umluft 180 °C) etwa 10 Minuten backen.

Haferflockentaler

Für den Teig:
100 g Haferflocken, 250 g Mehl, 1 TL Backpulver,
125 g Zucker, 150 g kalte Butter, 8 EL Kaffeesahne

Zum Bestreichen:
150 g Puderzucker, 2 EL Zitronensaft,
bunter Streuzucker

Die Haferflocken in eine beschichtete Pfanne geben und ohne Zugabe von Fett goldgelb rösten. Danach auskühlen lassen. Das Mehl mit dem Backpulver mischen und in eine Schüssel sieben. Die gerösteten Haferflocken untermischen. In die Mitte der Mehlmischung eine Vertiefung drücken. Zucker, Butter in Stückchen und Kaffeesahne zugeben. Die Zutaten von der Mitte her mit den Händen verkneten. Den Teig 1 Stunde kalt stellen. Auf bemehlter Arbeitsfläche dünn ausrollen, Taler von 4 Zentimeter Durchmesser ausstechen. Ein Backblech mit Backpapier auslegen. Die Taler auflegen und im vorgeheizten Backofen bei 200 °C (Gas Stufe 3, Umluft 180 °C) etwa 10 Minuten backen. Puderzucker und Zitronensaft verrühren. Die ausgekühlten Haferflockentaler damit überziehen und mit buntem Streuzucker verzieren.

Tipp

Man kann die Taler auch füllen. Dafür 100 g Zartbitterschokolade zerkleinern und über heißem Wasserbad schmelzen. Die Hälfte der Taler auf der glatten Seite mit der Schokoladenmasse bestreichen, die anderen Taler auflegen. Anschließend glasieren.

Fenster-Fruchtplätzchen

250 g Mehl, 1 TL Backpulver, 125 g Zucker,
4 EL Milch, 100 g kalte Butter, 25 rote,
ungefüllte Fruchtbonbons, 100 g Puderzucker,
1–2 TL Zitronensaft, Zuckerperlen

Mehl und Backpulver mischen und in eine Schüssel sieben. In die Mitte eine Vertiefung drücken. Zucker und Milch hineingeben und mit einem Teil des Mehls mischen. Die Butter in Stückchen obenauf geben und mit Mehl bestäuben. Die Zutaten von der Mitte her mit den Händen zu einem glatten Teig verkneten. Eine Kugel formen, in Alufolie wickeln und im Kühlschrank 30 Minuten kalt stellen. Den Teig auf bemehlter Arbeitsfläche in kleinen Portionen 3 Millimeter dick ausrollen. Große Herzen ausstechen (8–10 Zentimeter). Aus der Mitte jeweils ein kleineres Herz ausstechen und beiseitelegen. Ein Backblech mit Backpapier auslegen. Die größeren Herzen darauf anordnen. Die Bonbons z. B. mit einem Fleischklopfer zerstoßen. Die ausgestochene Innenfläche der Herzen damit füllen. Im vorgeheizten Backofen bei 200 °C (Gas Stufe 3, Umluft 180 °C) 12 Minuten backen. Herausnehmen. Die Herzen noch einige Minuten auf dem Backpapier liegen lassen, bis die Bonbonmasse, die während des Backens zu »Fenstern« geschmolzen ist, fest ist. Dann vorsichtig abnehmen und zum Auskühlen auf ein Kuchengitter setzen. Puderzucker und Zitronensaft verrühren, die Ränder der Herzen damit glasieren und mit Zuckerperlen verzieren. Die beiseitegelegten kleinen Herzen ebenfalls backen und verzieren. Sie haben natürlich keine »Fenster«.

Schachbrettplätzchen

300 g Mehl, 1 TL Backpulver, 125 g Zucker, 1 Päckchen Vanillezucker, 1 Ei, 180 g kalte Butter, 2 EL Kakao, 1 EL Puderzucker, 2 EL Rum, 1 Eiweiß

Mehl und Backpulver mischen, in eine Schüssel sieben und in die Mitte eine Vertiefung drücken. Zucker, Vanillezucker und das Ei hineingeben. Etwas Mehl vom Rand zufügen und einen dicken Brei bereiten. Die Butter in Stückchen obenauf legen und mit Mehl bestäuben. Die Zutaten von der Mitte her mit den Händen zu einem glatten Teig verkneten und 30 Minuten kalt stellen. Ein Backblech mit Backpapier auslegen. Den Teig in drei Stücke teilen. Kakao, Puderzucker und Rum mischen und unter ein

Teigstück kneten. Ein helles und das dunkle Teigstück jeweils auf bemehlter Arbeitsfläche 1 Zentimeter dick ausrollen. Aus dem hellen Teig 5 Streifen, jeweils 1 Zentimeter breit, von gleicher Länge schneiden und mit Eiweiß bestreichen. Aus dem dunklen Teig 4 Streifen schneiden, diese ebenfalls mit Eiweiß bestreichen. Abwechselnd je drei neben- und übereinander legen. Das restliche helle Teigstück dünn ausrollen, die Teigstreifen darin verpacken. 2 Stunden kalt stellen. Die Teigrolle in 8 Millimeter dicke Scheiben schneiden. Ein Backblech mit Backpapier auslegen und die Scheiben auflegen. Im vorgeheizten Backofen bei 200 °C (Gas Stufe 3, Umluft 180 °C) etwa 10 Minuten backen.

Rosinenplätzchen

200 g Rosinen, 2 EL Rum, 200 g weiche Butter, 200 g Zucker, 1 Päckchen Vanillezucker, 4 Eier, 1 TL unbehandelte, abgeriebene Zitronenschale, 500 g Mehl, 1 TL Backpulver, 50 g fein geschnittenes Zitronat, 150 g Zartbitterschokolade zum Verzieren

Die Rosinen mit dem Rum beträufeln. Butter und Zucker schaumig rühren. Vanillezucker und Eier unterrühren. Zitronenschale zufügen. Mehl und Backpulver mischen und mit den Rosinen und dem Zitronat unter die Masse rühren. Ein Backblech mit Backpapier auslegen. Mit zwei Teelöffeln Teighäufchen auf das Backblech setzen. Im vorgeheizten Backofen bei 180 °C (Gas Stufe 2, Umluft 160 °C) etwa 12 Minuten backen. Schokolade zerkleinern, über dem heißen Wasserbad schmelzen und die Rosinenplätzchen damit überziehen.

Zimtmakronen

250 g gemahlene Mandeln, 150 g gehackte Mandeln,
300 g Puderzucker, 2 Päckchen Vanillezucker,
5 Tropfen Bittermandelöl, 1 TL Instant-Kaffee,
1 TL Zimt, 1 EL unbehandelte, abgeriebene Orangenschale,
2 EL Kakao, 8 Eiweiß, 250 g geröstete gehackte
Haselnusskerne, Backoblaten

Gemahlene und gehackte Mandeln, Puderzucker, Vanillezucker,
Bittermandelöl, Instant-Kaffee, Zimt, Orangenschale, Kakao,
Eiweiß und Haselnusskerne verrühren und über dem heißen
Wasserbad 8 Minuten erwärmen, danach weiterrühren, bis die
Masse ausgekühlt ist. Mit zwei Teelöffeln kleine Häufchen auf
die Oblaten setzen. Die Zimtmakronen im vorgeheizten Backofen
bei 180 °C (Gas Stufe 2, Umluft 160 °C) etwa 12 Minuten backen.

Heidesand

400 g Mehl, 125 g Zucker, 1 Päckchen Vanillezucker,
1 Prise Salz, 1 Ei, 1/2 TL unbehandelte, abgeriebene
Zitronenschale, 100 g gemahlene Mandeln,
250 g kalte Butter, 1 Eigelb, 3 EL Zucker

Das Mehl in eine Schüssel sieben und in die Mitte eine
Vertiefung drücken. Zucker, Vanillezucker, Salz, Ei,
Zitronenschale und Mandeln hineingeben. Etwas Mehl vom
Rand zugeben und einen dicken Brei bereiten. Die Butter in

Stückchen obenauf legen. Etwas Mehl darüberstäuben.
Die Zutaten von der Mitte her mit den Händen zu einem
glatten Teig verkneten. Den Teig in gleich große Rollen von
3 Zentimeter Durchmesser formen, 1 Stunde kalt stellen.
Ein Backblech mit Backpapier auslegen. Das Eigelb mit
1 TL Wasser verrühren, die Teigrollen damit bestreichen und mit
Zucker bestreuen. Danach die Rollen in 5 Millimeter dicke
Scheiben schneiden und auf dem Backpapier anordnen. Im
vorgeheizten Backofen bei 200 °C (Gas Stufe 3, Umluft 180 °C)
etwa 10 Minuten backen.

Polnische Mürbteigsternchen

300 g Mehl, 100 g Zucker, 2 Eigelb, 1 TL unbehandelte,
abgeriebene Zitronenschale, 175 g kalte Butter,
1 Eigelb und 100 g Hagelzucker zum Verzieren

Das Mehl in eine Schüssel sieben und in die Mitte eine
Vertiefung drücken. Zucker, Eigelbe und Zitronenschale
hineingeben. Etwas Mehl vom Rand zugeben und einen dicken
Brei bereiten. Die Butter in Stückchen auflegen. Etwas Mehl
darüberstreuen und alles mit den Händen zu einem glatten Teig
verkneten. Teig in Alufolie wickeln und im Kühlschrank
30 Minuten kalt stellen. Den Teig auf bemehlter Arbeitsfläche
5 Millimeter dick ausrollen. Sternchen ausstechen, mit
verquirltem Eigelb bestreichen und mit Hagelzucker bestreuen.
Ein Backblech einfetten und die Sternchen auflegen. Im
vorgeheizten Backofen bei 200 °C (Gas Stufe 3, Umluft 180 °C)
etwa 10 Minuten backen.

Dattelplätzchen

150 g weiche Butter, 125 g Zucker, 2 Eier, 100 ml Milch,
100 ml Sahne, 400 g Mehl, 2 TL Backpulver,
125 g fein geschnittene, getrocknete Datteln,
125 g fein geschnittene Backpflaumen, 1 EL unbehandelte,
abgeriebene Orangenschale, 100 g gehackte Mandeln,
2 EL Milch, 50 g Mandelblättchen

Butter und Zucker schaumig rühren. Die Eier unterrühren.
Milch und Sahne zufügen. Mehl und Backpulver mischen,
sieben und nach und nach zugeben. Datteln, Pflaumen,
Orangenschale und Mandeln untermischen und einen glatten
weichen Teig bereiten. Ein Backblech mit Backpapier auslegen.
Kleine Teighäufchen daraufsetzen, etwas flach drücken, mit
Milch bestreichen und mit Mandelblättchen bestreuen. Im
vorgeheizten Backofen bei 180 °C (Gas Stufe 2, Umluft 160 °C)
etwa 12 Minuten backen.

Mandelplätzchen mit Datteln

150 g frische Datteln, 3 Eiweiß, 1 Prise Salz,
1 Päckchen Vanillezucker, 150 g Zucker, 150 g gehackte
Mandeln, 60 g Speisestärke, 150 g weiße Kuvertüre

Die Datteln entkernen und fein schneiden. Das Eiweiß mit dem
Salz und dem Vanillezucker steif schlagen, den Zucker einrieseln
lassen. Weiterschlagen, bis die Masse sehr fest ist. Datteln,

Mandeln und Speisestärke unterheben. Ein Backblech mit Backpapier auslegen. Kleine Häufchen auf das Backpapier setzen. Im Backofen bei 120 °C etwa 45 Minuten mehr trocknen lassen als backen. Herausnehmen und auskühlen lassen. Die Kuvertüre zerkleinern, über dem heißen Wasserbad schmelzen und die Plätzchen damit überziehen.

Bierplätzchen

250 g Mehl, 2 Eier, 200 g Rosinen, 100 g gehackte Mandeln, 100 g zerkleinerte kandierte Kirschen, je 50 g fein geschnittenes Zitronat und Orangeat, 200 g brauner Zucker, 1 TL Pfefferkuchengewürz, 1 TL Instant-Kaffee, 1/2 TL Natron, 150 ml dunkles Bier, 125 g Butter, 100 g weiße Kuvertüre zum Verzieren

Das Mehl in eine Schüssel sieben und in die Mitte eine Vertiefung drücken. Eier, Rosinen, Mandeln, Kirschen, Zitronat, Orangeat, Zucker, Pfefferkuchengewürz und Kaffee in die Vertiefung geben. Das Natron in etwas Bier auflösen und mit dem restlichen Bier zugeben. Die Butter in Stückchen schneiden und obenauf legen. Etwas Mehl vom Rand aufstreuen, von der Mitte her alles zu einem glatten Teig verkneten. Ein Backblech mit Backpapier auslegen. Aus dem Teig walnussgroße Kugeln formen, auf das Backblech setzen und etwas flach drücken. Im vorgeheizten Backofen bei 180 °C (Gas Stufe 2, Umluft 160 °C) etwa 15 Minuten backen. Auf einem Kuchengitter auskühlen lassen. Kuvertüre zerkleinern, über heißem Wasserbad schmelzen und die Bierplätzchen damit verzieren.

Dunkle Nussecken

Für den Teig:

150 g Mehl, 1/2 TL Backpulver, 1 EL Kakao, 70 g Zucker,
1 Päckchen Vanillezucker, 1 Ei, 70 g kalte Butter,
100 g Aprikosenkonfitüre, 1 EL Obstgeist

Für Belag und Glasur:

100 g Butter, 100 g Zucker, 100 g gemahlene
Haselnusskerne, 100 g gehackte Haselnusskerne,
2 EL Milch, 150 g Zartbitterschokolade

Mehl, Backpulver und Kakao mischen, in eine Schüssel sieben, in die Mitte eine Vertiefung drücken. Zucker, Vanillezucker und das Ei hineingeben, etwas Mehl vom Rand zufügen und einen dicken Brei bereiten. Die Butter in Stückchen daraufgeben, mit Mehl bestäuben. Die Zutaten von der Mitte her zu einem glatten Teig verkneten und 30 Minuten kalt stellen. Ein Backblech einfetten. Den Teig auf bemehlter Arbeitsfläche ausrollen und auf das Backblech legen. Konfitüre durch ein Sieb streichen, mit dem Obstgeist verrühren, den Teig damit bestreichen. Für den Belag Butter und Zucker schmelzen, die Nüsse und die Milch einrühren. Die Masse vom Herd nehmen und etwas auskühlen lassen, dann auf den Teig streichen. Im vorgeheizten Backofen bei 200 °C (Gas Stufe 3, Umluft 180 °C) etwa 25 Minuten backen. Herausnehmen und etwas auskühlen lassen. Kuchenplatte in 6 Zentimeter große Quadrate schneiden, in Hälften teilen, sodass Dreiecke entstehen. Für die Glasur Schokolade über dem heißen Wasserbad schmelzen, die Nussecken verzieren.

Möhrenschnitten

Für den Teig:

500 g Möhren, 30 g Ingwerwurzel, 5 Eier,
250 g Zucker, 1 Päckchen Vanillezucker,
2 TL unbehandelte, abgeriebene Zitronenschale,
300 g gemahlene Mandeln, 80 g Mehl, 30 g Semmelbrösel

Zum Bestreichen und Verzieren:

1 EL Zucker, 150 ml Möhrensaft,
100 ml Orangensaft, 100 g Aprikosenkonfitüre,
2 EL Obstgeist, 100 g weiße Kuvertüre

Die Möhren reiben und den Saft ausdrücken. Die Ingwerwurzel schälen und fein schneiden. Die Eier trennen. Eigelbe, Zucker und Vanillezucker mit den Quirlen des Handrührgeräts schaumig rühren. Zitronenschale, Möhren und Ingwer unterrühren. Die Eiweiße steif schlagen und mit den Mandeln, dem Mehl und den Semmelbröseln unterziehen. Ein Backblech mit Backpapier auslegen und den Teig aufstreichen. Im vorgeheizten Backofen bei 180 °C (Gas Stufe 2, Umluft 160 °C) etwa 25 Minuten backen. Inzwischen den Zucker in einen heißen Topf geben und ohne Fett goldgelb karamellisieren lassen. Möhrensaft und Orangensaft zugeben, aufkochen, die Flüssigkeit auf die Hälfte reduzieren. Die Kuchenplatte herausnehmen, mit einem Hölzchen mehrmals einstechen und mit dem Saft tränken. Die Konfitüre mit dem Obstgeist verrühren und leicht erwärmen und den Kuchen damit bestreichen. Abkühlen lassen und Rechtecke von 3 mal 6 Zentimeter schneiden. Die weiße Kuvertüre zerkleinern, über heißem Wasserbad schmelzen und die Stücke damit verzieren.

Rumplätzchen

Für den Teig:
350 g Mehl, 1 TL Backpulver, 100 g Zucker,
1 Päckchen Vanillezucker, 2 EL Rum, 1 Ei,
180 g kalte Butter, 80 g Rosinen,
30 g fein geschnittenes Orangeat

Zum Verzieren:
2 Eiweiß, 50 g Zucker, 1/2 TL Zimt, 50 g gehackte Mandeln

Mehl und Backpulver mischen, in eine Schüssel sieben und in die Mitte eine Vertiefung drücken. Zucker, Vanillezucker, Rum und das Ei hineingeben. Etwas Mehl vom Rand zufügen und einen dicken Brei bereiten. Die Butter in Stückchen schneiden und obenauf legen. Mit etwas Mehl bestreuen, Rosinen und Orangeat untermengen und alles zu einem glatten Teig verkneten. Den Teig zu einer Kugel formen und 30 Minuten kalt stellen. Ein Backblech mit Backpapier auslegen. Den Teig 5 Millimeter dick ausrollen. Taler von 4 Zentimeter Durchmesser ausstechen und auf das Backblech legen. Das Eiweiß steif schlagen und die Plätzchen damit bestreichen. Zucker und Zimt mischen und mit den Mandeln auf die Plätzchen streuen. Im vorgeheizten Backofen bei 180 °C (Gas Stufe 2, Umluft 160 °C) etwa 12 Minuten backen.

Tipp

Sie können die Plätzchen auch füllen: Schmelzen Sie dafür 150 Gramm Nugatmasse über heißem Wasserbad und bestreichen Sie damit die Hälfte der Plätzchen. Die restlichen Plätzchen auflegen.

Rumschnitten

Für den Teig:
Je 100 g fein geschnittenes Zitronat und Orangeat,
100 ml Rum, 425 g Mehl, 2 TL Backpulver,
3 Eier, 150 g Zucker, 1 Prise Salz,
150 g geröstete gemahlene Pinienkerne

Zum Bestreichen und Verzieren:
1 Eigelb, 1 EL Milch, 125 g Puderzucker, 1 EL Rum

Zitronat, Orangeat und Rum mischen. Mehl und Backpulver
mischen und sieben. Eier, Zucker und Salz schaumig rühren.
Pinienkerne und die Rummischung untermischen. Nach und nach
das Mehl zugeben und einen geschmeidigen Teig herstellen.
20 Minuten ruhen lassen. Ein Backblech mit Backpapier auslegen.
Aus dem Teig 3 gleich große Rollen formen und auf das Backblech
legen. Eigelb und Milch verrühren, die Rollen damit bestreichen.
Im vorgeheizten Backofen bei 180 °C (Gas Stufe 2, Umluft
160 °C) etwa 15 Minuten backen. Herausnehmen und auskühlen
lassen. Die Rollen in fingerdicke Scheiben schneiden und bei
gleicher Temperatur weitere 5 Minuten backen. Puderzucker und
Rum verrühren. Feine Linien über die Rumschnitten ziehen.

Tipp

Pinienkerne sind die Samenkerne der Pinienzapfen. Wenn sie geröstet
werden, kommt ihr feines Aroma besonders gut zur Geltung. Pinienkerne
werden auch sehr gern zum Verzieren verwendet. Für die Glasur können
Sie anstelle von Rum auch Orangensaft verwenden.

Zitrusherzen

Für den Teig:
3 Eigelbe, 125 g Zucker, 1 Päckchen Vanillezucker,
1 TL unbehandelte, abgeriebene Zitronenschale,
250 g gemahlene Haselnüsse

Für die Glasur:
200 g Puderzucker, 2–3 EL Zitronensaft,
unbehandelte, abgeriebene Zitronenschale

Die Eigelbe in eine Schüssel geben und mit dem Zucker und
dem Vanillezucker schaumig rühren. Etwa die Hälfte der
Haselnüsse unterrühren. Von den restlichen Nüssen so viel

darunterkneten, dass der Teig kaum noch klebt. Ein Backblech mit Backpapier auslegen. Die Arbeitsfläche mit Puderzucker bestäuben und den Teig darauf 5 Millimeter dick ausrollen. Herzen ausstechen und auf das Backblech legen. Im vorgeheizten Backofen bei 180 °C (Gas Stufe 2, Umluft 160 °C) etwa 10 Minuten backen. Herausnehmen und auskühlen lassen. Für die Glasur Puderzucker sieben, mit Zitronensaft zu einer dickflüssigen Masse verrühren und die Plätzchen damit bestreichen. Zitronenschale aufstreuen.

Limettenkringel

2 unbehandelte Limetten, 150 g weiche Butter,
100 g Zucker, 1 Ei, 100 g Schmant, 1 Prise Salz,
300 g Mehl, 150 g Puderzucker, 1 Eiweiß

Von den Limetten die Schale abreiben und den Saft auspressen. Butter und Zucker schaumig rühren. Das Ei, den Schmant, das Salz und die Limettenschale unterrühren. Das Mehl sieben und zugeben. Alle Zutaten zu einem glatten Teig verarbeiten. Ein Backblech mit Backpapier auslegen. Den Teig in einen Spritzbeutel mit Lochtülle füllen. Kringel von 6 Zentimeter Durchmesser aufspritzen. Blech 10 Minuten kalt stellen. Danach die Kringel im vorgeheizten Backofen bei 180 °C (Gas Stufe 2, Umluft 160 °C) etwa 12 Minuten backen. Herausnehmen und auskühlen lassen. Puderzucker und Eiweiß mit 1 EL Limettensaft steif schlagen, danach den restlichen Saft unterrühren. Die Kringel damit überziehen.

Kümmelplätzchen

300 g Mehl, 200 g Vollkornmehl, 1 Päckchen Backpulver,
350 g brauner Zucker, 2 Eier, 1 EL gemahlener Kümmel,
1 EL gemahlener Koriander, 1 TL Zimt, 1 TL Anis,
1 Prise Salz

Die Mehle mit dem Backpulver in eine Schüssel sieben und
in die Mitte eine Vertiefung drücken. Zucker, Eier und Gewürze
in die Vertiefung geben. 3 Esslöffel warmes Wasser zufügen und
etwas Mehl vom Rand darüberstreuen. Die Zutaten von der
Mitte her mit den Händen zu einem glatten Teig verkneten.
Aus dem Teig Rollen von 3 Zentimeter Durchmesser formen.
Ein Backblech mit Backpapier auslegen. Die Rollen in
8 Millimeter dicke Scheiben schneiden und auflegen.
Im vorgeheizten Backofen bei 200 °C (Gas Stufe 3,
Umluft 180 °C) etwa 12 Minuten backen.

Butter-Mandel-Plätzchen

200 g weiche Butter, 200 g Puderzucker, 2 Eier, 1 TL unbehandelte,
abgeriebene Zitronenschale, 300 g Mehl, 100 g gemahlene
Mandeln, 250 g Zartbitterschokolade

Butter mit Puderzucker schaumig rühren. Eier und Zitronenschale
unterrühren. Das Mehl sieben und nach und nach mit den
Mandeln untermischen. Einen glatten Teig herstellen und
30 Minuten kalt stellen. Ein Backblech mit Backpapier auslegen.

Den Teig in einen Spritzbeutel mit Sterntülle füllen und Ringe, Streifen und S-Formen aufspritzen. Nochmals 30 Minuten kalt stellen. Im vorgeheizten Backofen bei 180 °C (Gas Stufe 2, Umluft 160 °C) etwa 10 Minuten backen. Die Schokolade zerkleinern und über heißem Wasserbad schmelzen. Die Plätzchen an den Enden oder zur Hälfte in die Schokolade tauchen. Die Schokolade fest werden lassen.

Schnecken

250 g Mehl, 1 TL Backpulver, 150 g Zucker,
1 Päckchen Vanillezucker, 1 Ei, 125 g kalte Butter,
2 EL Kakao, 1 EL Puderzucker, 1 Eiweiß

Mehl und Backpulver mischen, in eine Schüssel sieben und in die Mitte eine Vertiefung drücken. Zucker, Vanillezucker und das Ei hineingeben. Etwas Mehl vom Rand zufügen und in der Mitte einen dicken Brei bereiten. Die Butter in Stückchen auflegen und mit Mehl bestäuben. Die Zutaten von der Mitte her zu einem glatten Teig verkneten und 30 Minuten kalt stellen. Den Teig teilen. Den Kakao mit dem Puderzucker und der Milch verrühren und unter eine Teighälfte kneten. Dann jedes Teigstück auf bemehlter Arbeitsfläche zu einem Rechteck ausrollen. Das helle Teigstück dünn mit Eiweiß bestreichen, das dunkle Teigstück auflegen und ebenfalls mit Eiweiß bestreichen. Teigplatten aufrollen und 1 Stunde kalt stellen. Ein Backblech mit Backpapier auslegen. Die Rolle in 8 Millimeter dicke Scheiben schneiden, die Scheiben auf dem Backblech anordnen. Im vorgeheizten Backofen bei 200 °C (Gas Stufe 3, Umluft 180 °C) etwa 10 Minuten backen.

Knacker

200 g weiche Butter, 200 g Zucker, 1 Päckchen Vanillezucker,
2 Eier, 4 EL Schmant, 300 g Mehl, 1 TL Backpulver,
50 g geraspelte Zartbitterschokolade, 100 g gehackte Walnusskerne,
150 g Halbbitterkuvertüre, 100 g gehackte Walnusskerne oder
Walnusshälften

Butter und Zucker schaumig rühren. Vanillezucker, Eier und
Schmant unterrühren. Mehl und Backpulver mischen, sieben und
nach und nach unterrühren. Schokolade und Nüsse untermengen.
Ein Backblech mit Backpapier auslegen. Kleine Teighäufchen
daraufsetzen. Im vorgeheizten Backofen bei 200 °C (Gas Stufe 3,
Umluft 180 °C) etwa 10 Minuten backen. Die Kuvertüre
zerkleinern, über heißem Wasserbad schmelzen, die Knacker damit
überziehen und mit Nüssen verzieren.

Mürbchen

300 g Mehl, 30 g Speisestärke, 1 gestrichener TL Backpulver,
100 g Zucker, 1 Päckchen Vanillezucker, 1 Ei, 200 g kalte Butter

Mehl, Speisestärke und Backpulver mischen, in eine Schüssel
sieben und in die Mitte eine Vertiefung drücken. Zucker,
Vanillezucker und das Ei in die Vertiefung geben. Mit einem Teil
des Mehls einen dicken Brei bereiten. Die kalte Butter in Stücken
obenauf legen und etwas Mehl darüberstäuben. Von der Mitte her
alle Zutaten rasch mit den Händen zu einem glatten Teig

verarbeiten. 30 Minuten kalt stellen. Den Teig dünn ausrollen, mit einer runden Form oder einem Glas (etwa 4 Zentimeter Durchmesser) Plätzchen ausstechen. Ein Backblech einfetten, die Plätzchen auflegen und im vorgeheizten Backofen bei 200 °C (Gas Stufe 3, Umluft 180 °C) etwa 10 Minuten backen. Herausnehmen und auf einem Kuchengitter auskühlen lassen.

Tipp

Besonders lecker schmecken die Plätzchen, wenn sie mit Himbeermarmelade gefüllt werden. Dafür die Hälfte der Plätzchen auf der Unterseite mit Marmelade bestreichen, die anderen Plätzchen dagegensetzen. 100 Gramm Zartbitterschokolade mit 30 Gramm Kokosfett über heißem Wasserbad schmelzen. Jeweils eine Plätzchenhälfte damit bestreichen.

Zungen

250 g Zucker, 2 Eier, 2 Eigelb, 2 Päckchen Vanillezucker, 1 TL unbehandelte, abgeriebene Orangenschale, 250 g Mehl, 50 g gehackte Mandeln

Zucker, Eier und Eigelbe schaumig rühren. Vanillezucker und Orangenschale unterrühren. Das Mehl sieben und nach und nach einrühren. Ein Backblech mit Backpapier auslegen. Den Teig in einen Spritzbeutel mit Lochtülle füllen. Auf das Backblech fingerbreite, 6 Zentimeter lange Zungen spritzen. Mit Mandeln bestreuen. Im vorgeheizten Backofen bei 180 °C (Gas Stufe 2, Umluft 160 °C) etwa 12 Minuten backen.

Hüpferle

6 Eier, 500 g Puderzucker, 2 Päckchen
Vanillezucker, 1 TL unbehandelte, abgeriebene
Zitronenschale, 600 g Mehl, 1/2 TL Hirsch-
hornsalz, 25 g gemahlener Anis, 2 EL Aniskörner

Die Eier mit dem Puder- und Vanillezucker schaumig rühren.
Zitronenschale zufügen. Das Mehl sieben. Das Hirschhornsalz in
etwas lauwarmem Wasser auflösen und mit dem Mehl und dem
Anis zugeben. Alles zu einem glatten Teig verkneten. 2 Stunden
ruhen lassen. Den Teig auf bemehlter Arbeitsfläche 8 Millimeter
dick ausrollen. Rechtecke, Dreiecke und Quadrate ausstechen. Ein
Backblech mit Aniskörnern bestreuen, die Teigstücke auflegen und
über Nacht trocknen lassen. Danach im vorgeheizten Backofen bei
180 °C (Gas Stufe 2, Umluft 160 °C) etwa 12 Minuten backen.

Ingwer-Krokant-Plätzchen

300 g Mehl, 100 g Zucker, 1 Ei, 2 Kapseln Safranpulver,
1 Prise Salz, 200 g kalte Butter, 100 g kandierter Ingwer,
150 g geröstete geschälte Sesamsaat, 1 TL Zimt,
1 TL unbehandelte, abgeriebene Zitronenschale,
150 g gesüßte Kondensmilch, 1 Eigelb, 1 EL Sahne

Das Mehl in eine Schüssel sieben und in die Mitte eine Vertiefung
drücken. Zucker, Ei, Safran und Salz hineingeben. Etwas Mehl
vom Rand zufügen und einen dicken Brei bereiten. Die Butter in

Stückchen obenauf geben. Etwas Mehl darüberstreuen. Die Zutaten von der Mitte her mit den Händen zu einem glatten Teig verkneten. 1 Stunde kalt stellen. Den Ingwer fein schneiden. Mit dem Sesam, dem Zimt, der Zitronenschale und der Kondensmilch aufkochen und danach auskühlen lassen. Den Teig durchkneten und zwei gleich große Rollen formen. 30 Minuten kalt stellen. Die Rollen in 1 Zentimeter dicke Scheiben schneiden. Eigelb und Sahne verrühren und die Scheiben damit bestreichen. Ein Backblech mit Backpapier auslegen, die Scheiben darauf anordnen. Aus der Ingwermasse kleine Kugeln formen und auf die Scheiben setzen. Im vorgeheizten Backofen bei 180 °C (Gas Stufe 2, Umluft 160 °C) etwa 12 Minuten backen.

Sahnestreifen

1200 g Mehl, 400 g Zucker, 8 Eier, 40 g Hirschhornsalz, 200 ml Milch, 400 g Butter, Butterschmalz für das Backblech, 100 ml Sahne, Zimt-Zucker-Mischung

Das Mehl in eine Schüssel sieben. In die Mitte eine Vertiefung drücken. Zucker und Eier in die Vertiefung geben. Das Hirschhornsalz in lauwarmer Milch verrühren und dazugeben. Butter in Flöckchen daraufsetzen. Alles miteinander verkneten. Den Teig auf bemehlter Arbeitsfläche ausrollen. Ein Backblech einfetten und den Teig auflegen. Im vorgeheizten Backofen bei 200 °C (Gas Stufe 3, Umluft 180 °C) etwa 25 Minuten backen. Das Blech herausnehmen, die Kuchenplatte mit Sahne bestreichen und mit Zimtzucker bestreuen. Die Kuchenplatte in 8 mal 4 Zentimeter große Streifen schneiden.

Schokoladenbrezeln

500 g Mehl, 2 TL Backpulver, 150 g Zucker, 3 EL Kakao,
2 Eier, 250 g kalte Butter, 200 g Zartbitterkuvertüre

Mehl und Backpulver mischen und in eine Schüssel sieben. In die
Mitte eine Vertiefung drücken. Zucker, Kakao und die Eier
zugeben. Etwas Mehl vom Rand darüberstreuen und einen dicken
Brei bereiten. Die Butter in Stückchen schneiden und obenauf
legen. Etwas Mehl darüberstreuen. Die Zutaten von der Mitte her
zu einem glatten Teig verkneten und 30 Minuten kalt stellen. Ein
Backblech mit Backpapier auslegen. Aus dem Teig bleistiftdicke
Rollen formen und zu Brezeln legen. Auf dem Backblech anordnen.
Im vorgeheizten Backofen bei 200 °C (Gas Stufe 3, Umluft

180 °C) etwa 10 Minuten backen. Auf einem Kuchengitter auskühlen lassen. Die Kuvertüre zerkleinern, über heißem Wasserbad schmelzen und die Brezeln damit überziehen.

Safranbrezeln

500 g Mehl, 2 TL Backpulver, 150 g Zucker, 1 Ei, 1 Eigelb, 2 EL Rum, 2 Msp. gemahlener Safran, 250 g kalte Butter, 200 g Puderzucker, 2 EL Zitronensaft

Mehl und Backpulver mischen und in eine Schüssel sieben. In die Mitte eine Vertiefung drücken. Zucker, Ei, Eigelb und Rum hineingeben. Safran in 1 Esslöffel lauwarmem Wasser verrühren und ebenfalls zufügen. Etwas Mehl vom Rand zufügen und einen dicken Brei bereiten. Die Butter in Stückchen schneiden und obenauf legen. Etwas Mehl aufstreuen. Die Zutaten von der Mitte her zu einem glatten Teig verkneten. 30 Minuten kalt stellen. Ein Backblech mit Backpapier auslegen. Aus dem Teig bleistiftdicke Rollen formen, zu Brezeln legen und auf das Backblech geben. Im vorgeheizten Backofen bei 200 °C (Gas Stufe 3, Umluft 180 °C) etwa 10 Minuten backen. Auf einem Kuchengitter auskühlen lassen. Puderzucker und Zitronensaft verrühren und die Brezeln damit überziehen.

Tipp

Safran ist eines der edelsten Gewürze. Er schmeckt mild, färbt intensiv gelb und ist ideal für Plätzchen, Kuchen und Desserts. Man kann Safran im Ganzen (als Fäden) oder gemahlen kaufen.

Zimtriegel

4 Eier, 150 g weiche Butter, 150 g Zucker, 1 EL Mandellikör,
1 Prise Salz, 200 g Mehl, 1 TL Zimt, 1/2 TL gemahlene Nelken,
125 g gemahlene Mandeln, 150 g Zartbitterkuvertüre

Die Eier trennen. Butter und Zucker schaumig rühren. Likör,
Eigelbe und Salz unterrühren. Das Mehl mit Zimt und Nelken
mischen und mit den Mandeln zur Buttermischung geben. Eiweiß
und 1 Prise Salz steif schlagen und unterheben. Ein Backblech mit
Backpapier auslegen, den Teig daraufgeben und glatt streichen.
Im vorgeheizten Backofen bei 180 °C (Gas Stufe 2,
Umluft 160 °C) etwa 20 Minuten backen. Die Kuchenplatte
noch warm in fingerlange, 2 Zentimeter breite Riegel schneiden.
Zartbitterkuvertüre zerkleinern, über heißem Wasserbad schmelzen
und die Riegel damit überziehen.

Schmantknusperchen

250 g Schmant, 100 g Puderzucker, 1 EL Kirschwasser,
1 TL unbehandelte, abgeriebene Zitronenschale, 1 Prise Salz,
300 g Mehl, 2 Eigelb und Hagelzucker zum Bestreuen

Schmant und Puderzucker verrühren. Kirschwasser,
Zitronenschale und Salz zufügen. Das Mehl sieben und
unterrühren. Den Teig über Nacht im Kühlschrank kalt stellen.
Am nächsten Tag den Teig auf bemehlter Arbeitsfläche
5 Millimeter dick ausrollen und 10 Minuten ruhen lassen.

Ein Backblech mit Backpapier auslegen. Aus dem Teig runde Plätzchen von 4 Zentimeter Durchmesser ausstechen, auf das Backblech legen, mit verquirltem Eigelb bestreichen und mit Hagelzucker bestreuen. Im vorgeheizten Backofen bei 180 °C (Gas Stufe 2, Umluft 160 °C) etwa 12 Minuten backen.

Haselnussblätter

375 g Mehl, 125 g Speisestärke, 3 EL Kakao,
1 Päckchen Backpulver, 250 g Zucker, 1 Päckchen
Vanillezucker, 2 Eier, 2 EL Milch, 280 g kalte Butter,
125 gemahlene Haselnusskerne, 150 g gehackte
Haselnusskerne, 150 g Zartbitterkuvertüre

Mehl, Speisestärke, Kakao und Backpulver mischen und in eine Schüssel sieben. In die Mitte eine Vertiefung drücken. Zucker, Vanillezucker, Eier und Milch hineingeben. Etwas Mehl vom Rand zufügen und einen dicken Brei bereiten. Die Butter in Stückchen obenauf legen. Haselnüsse zufügen und etwas Mehl aufstreuen. Die Zutaten von der Mitte her mit den Händen zu einem glatten Teig verkneten. Daraus Rollen von 3 Zentimeter Durchmesser formen und im Kühlschrank 2 Stunden kalt stellen. Ein Backblech mit Backpapier auslegen. Die Rollen in 5 Millimeter dicke Scheiben schneiden und auf das Backblech legen. Im vorgeheizten Backofen bei 180 °C (Gas Stufe 2, Umluft 160 °C) etwa 12 Minuten backen. Die Haselnussblätter herausnehmen und auskühlen lassen. Die Kuvertüre zerkleinern und über dem heißen Wasserbad schmelzen. Die Haselnussblätter damit überziehen.

Schmalznüsse

150 g Schweineschmalz, 100 g weiche Butter, 200 g Zucker,
1 Päckchen Vanillezucker, 500 g Mehl, 1 TL Hirschhornsalz

Schweineschmalz, Butter, Zucker und Vanillezucker schaumig rühren. Das Mehl sieben. Das Hirschhornsalz in etwas kaltem Wasser verrühren und zur Schmalzmasse geben. Nach und nach das gesiebte Mehl untermengen. Den Teig über Nacht an einem kalten Ort zugedeckt ruhen lassen. Ein Backblech mit Backpapier auslegen. Aus dem Teig walnussgroße Kugeln formen, auf das Backblech geben und mit einem Esslöffel flach drücken. Im vorgeheizten Backofen bei 200 °C (Gas Stufe 3, Umluft 180 °C) etwa 12 Minuten backen.

Florentiner

100 g Mandelblättchen, 50 g gehackte Mandeln, je 50 g fein geschnittenes Zitronat und Orangeat, 30 g fein geschnittene kandierte Kirschen, 30 g fein geschnittener kandierter Ingwer, 50 g Mehl, 125 g Butter, 100 g Honig, 2 EL Sahne, 200 g Zartbitterschokolade

Mandelblättchen, gehackte Mandeln, Zitronat, Orangeat, Kirschen und Ingwer in eine Schüssel geben. Das Mehl darübersieben und alles mischen. Die Butter mit dem Honig und der Sahne in einen Topf geben und unter Rühren erhitzen, damit sich der Zucker auflösen kann. Die Mandelmischung unterrühren.

Alles zum Kochen bringen und 1 Minute rühren, bis sich die Masse vom Topfrand löst. Vom Herd nehmen. Ein Backblech mit Backpapier auslegen. Mit 2 Teelöffeln Teighäufchen aufsetzen, leicht flach drücken. Im vorgeheizten Backofen bei 180 °C (Gas Stufe 2, Umluft 160 °C) etwa 8 Minuten backen. Herausnehmen, mit Hilfe einer runden Ausstechform die Plätzchen in Form bringen. Auf einem Kuchengitter auskühlen lassen. Die Zartbitterschokolade zerkleinern, über dem heißen Wasserbad schmelzen, die Unterseite der Plätzchen mit der Schokolade bestreichen und diese fest werden lassen.

Rosinen-Ingwer-Plätzchen

400 g Rosinen, 1/8 l Whisky, 80 g weiche Butter, 100 g brauner Zucker, 2 Eier, 175 g Mehl, 2 gestrichene TL Backpulver, 1 Prise Salz, 1/2 TL frischer, fein geschnittener Ingwer, 1 TL Zimt, 1 Prise geriebene Muskatnuss, 1 Prise gemahlene Nelken, 125 g gehackte Haselnusskerne, 100 g gehackte Walnusskerne, 50 g klein geschnittene, kandierte Kirschen, 50 g Pistazien

Die Rosinen mit Whisky begießen und über Nacht stehen lassen. In einer Schüssel Butter, Zucker und Eier verrühren. Das Mehl mit dem Backpulver mischen und mit dem Salz, Ingwer, Zimt, Muskat und Nelken einarbeiten. Nüsse und Rosinen ebenfalls zum Teig geben. Ein Backblech mit Backpapier auslegen. Mit zwei Teelöffeln kleine Teighäufchen auf das Backblech geben und mit kandierten Kirschen und Pistazien verzieren. Im vorgeheizten Backofen bei 180 °C (Gas Stufe 2, Umluft 160 °C) etwa 15 Minuten backen.

Russische Streuselmürbchen

Für den Teig:
500 g Mehl, 200 g Puderzucker, 1 Ei, 1 Prise Salz,
1 Päckchen Vanillezucker, 350 g kalte Butter

Für Streusel und Verzierung:
200 g Butter, 200 g Zucker, 200 g Mehl,
2 EL Kakao, 150 g Puderzucker

Das Mehl in eine Schüssel sieben und in die Mitte eine Vertiefung drücken. Puderzucker, Ei, Salz und Vanillezucker hineingeben. Etwas Mehl vom Rand zufügen und einen dicken Brei bereiten. Die Butter in Stückchen obenauf geben. Etwas Mehl darüberstreuen. Die Zutaten von der Mitte her mit den Händen zu einem glatten Teig verkneten und 2 Stunden kalt stellen. Ein Backblech mit Backpapier auslegen. Den Teig auf bemehlter Arbeitsfläche 5 Millimeter dick ausrollen. Taler von 6 Zentimeter Durchmesser ausstechen oder ausrädeln. Auf das Backblech legen. Aus Butter, Zucker, Mehl und Kakao Streusel formen und auf die Plätzchen streuen. Im vorgeheizten Backofen bei 200 °C (Gas Stufe 3, Umluft 180 °C) etwa 15 Minuten backen. Puderzucker sieben, mit etwas Wasser glatt rühren und zarte Linien über die Streuselmürbchen ziehen.

Tipp

Mehl sollte stets gesiebt werden. Dann ist es aufgelockert und verbindet sich leichter mit den übrigen Zutaten. Die eingeschlossene Luft macht den Teig schön zart. Achten Sie darauf, dass Mehl stets trocken gelagert wird.

Russische Sonnenblumen

500 g Mehl, 2 TL Backpulver, 175 g Zucker, 1 Päckchen Vanillezucker, 2 Eier, 250 g kalte Butter, 1 Eigelb, 200 g Pflaumenmus, 200 g Zartbitterkuvertüre

Mehl und Backpulver mischen und in eine Schüssel sieben. In die Mitte eine Vertiefung drücken. Zucker, Vanillezucker und Eier hineingeben. Etwas Mehl vom Rand zufügen und einen dicken Brei bereiten. Die Butter in Stücken auflegen. Etwas Mehl darüberstreuen. Die Zutaten von der Mitte her mit den Händen zu einem glatten Teig verkneten. Den Teig in Alufolie wickeln und 30 Minuten kalt stellen. Den Teig auf bemehlter Arbeitsfläche 4 Millimeter dick ausrollen. Kreise von 6 Zentimeter Durchmesser ausrädeln. Aus der Hälfte der Kreise ein Loch von 2 Zentimeter Durchmesser ausstechen. Die kleinen Kreise beiseitelegen. Die ausgestochenen Ringe mit Eigelb bestreichen. Ein Backblech mit Backpapier auslegen und die Ringe darauf anordnen. Im vorgeheizten Backofen bei 200 °C (Gas Stufe 3, Umluft 180 °C) etwa 10 Minuten backen. Die Kreise ohne Loch mit Pflaumenmus bestreichen, die Ringe auflegen. Zartbitterkuvertüre zerkleinern und über dem heißen Wasserbad schmelzen. Die Kuvertüre in Pergamenttüten füllen (siehe Seite 12) und in die Löcher geben.

Tipp

Die beiseitegelegten Kreise benötigen Sie zum Rezept nicht mehr, Sie können sie nun aber ebenfalls backen, mit der restlichen Kuvertüre verzieren und als schnelle Plätzchen am besten gleich verzehren.

Schokohäufchen

100 g weiche Butter, 100 g Zucker, 1 Päckchen
Vanillezucker, 1 Ei, 1 Prise Salz, 150 g Mehl,
50 g Speisestärke, 1 TL Backpulver,
50 g zerkleinerte Zartbitterschokolade

Die Butter schaumig rühren. Zucker, Vanillezucker, Ei und Salz
unterrühren. Mehl, Speisestärke und Backpulver mischen, sieben
und unter den Teig rühren. Die Schokolade unterheben. Ein
Backblech einfetten. Mit 2 Teelöffeln walnussgroße Teighäufchen
auf das Blech setzen und im vorgeheizten Backofen bei 200 °C
(Gas Stufe 3, Umluft 180 °C) etwa 12 Minuten backen.

Russisch Brot

1/4 l Eiweiß, 125 g gesiebter Puderzucker, 750 g Zucker,
1 Päckchen Vanillezucker, 2–3 EL Zuckercouleur
(Fertigprodukt), 450 g Mehl

Das Eiweiß steif schlagen, dabei den Puderzucker allmählich
zufügen. In einem Topf Zucker und Vanillezucker mit
375 Milliliter Wasser zum Kochen bringen und unter Rühren
auflösen. So lange kochen, bis die sirupähnliche Masse am
Rührlöffel einen Faden zieht. Sofort den Zucker in dünnem Strahl
in das geschlagene Eiweiß einlaufen lassen, dabei kräftig
weiterschlagen. Danach noch so lange schlagen, bis die Masse
erkaltet ist. Zuckercouleur mit dem gesiebten Mehl in die

Eiweißmasse einrühren. Ein Backblech einfetten. Die Masse in einen Spritzbeutel mit Lochtülle füllen und auf das Backblech Buchstaben und Zahlen spritzen. Über Nacht trocknen lassen. Es muss sich auf der Masse eine schwache Kruste bilden. Im Backofen bei 130 °C (Gas Stufe 1, Umluft 110 °C) etwa 20 Minuten backen.

Möhrenplätzchen

Für den Teig:
180 g weiche Butter, 100 g Zucker, 300 g Mehl,
1 Prise Salz, je 1 Prise Zimt und Nelken,
150 g geriebene Möhren,
100 g gemahlene Haselnusskerne

Für die Glasur:
1/8 l Sahne, 50 g Honig, 150 g Halbbitterkuvertüre

Butter und Zucker schaumig rühren. Das Mehl sieben und nach und nach Salz, Zimt, Nelken, Möhren und Nüsse zugeben. Einen glatten Teig kneten und 2 Stunden kalt stellen. Ein Backblech mit Backpapier auslegen. Den Teig auf bemehlter Arbeitsfläche ausrollen. Sterne, Monde, Kreise und Ringe ausstechen und auf das Backblech legen. Im vorgeheizten Backofen bei 180 °C (Gas Stufe 2, Umluft 160 °C) etwa 12 Minuten backen. Plätzchen herausnehmen und auskühlen lassen. Kuvertüre zerkleinern. Sahne und Honig erhitzen, die Kuvertüre unterrühren. Die Plätzchen zur Hälfte in die Glasur tauchen und auf einem Gitter trocknen lassen.

Nussstangen

300 g Mehl, 100 g gemahlene Walnusskerne,
150 g Zucker, 1 Päckchen Vanillezucker,
1 TL unbehandelte, abgeriebene Zitronenschale,
1 Prise Salz, 1 Eigelb, 250 g kalte Butter,
100 g Hagebuttenkonfitüre

Das Mehl in eine Schüssel sieben, in die Mitte eine Vertiefung
drücken. Walnüsse, Zucker, Vanillezucker, Zitronenschale, Salz
und Eigelb in die Vertiefung geben. Etwas Mehl vom Rand
zufügen und einen dicken Brei bereiten. Die Butter in Stückchen
obenauf legen. Etwas Mehl darübergeben. Die Zutaten von der
Mitte her zu einem glatten Teig verkneten. Über Nacht kalt

stellen. Ein Backblech mit Backpapier auslegen. Den Teig auf bemehlter Arbeitsfläche 8 Millimeter dick ausrollen. Stangen von 5 Zentimeter Länge schneiden und auf dem Backpapier anordnen. Mit einem Kochlöffelstiel an beiden Stangenenden eine Vertiefung eindrücken. Jeweils einen Klecks Konfitüre in die Vertiefungen füllen. Im vorgeheizten Backofen bei 200 °C (Gas Stufe 3, Umluft 180 °C) etwa 12 Minuten backen.

Sterntaler

500 g Marzipan-Rohmasse, 3 EL Rosenwasser,
150 g Puderzucker, 100 g Pinienkerne

Marzipan zerkleinern, mit Rosenwasser und Puderzucker verkneten und ausrollen. Sterne ausstechen. Ein Backblech mit Backpapier auslegen, die Sterne daraufsetzen und mit Pinienkernen bestreuen. Im vorgeheizten Backofen bei 180 °C (Gas Stufe 2, Umluft 160 °C) etwa 15 Minuten backen.

Tipp

Rosenwasser verleiht Gebäck ein interessantes Aroma. Einen kleinen Vorrat davon sollte man stets parat haben. Die Herstellung ist einfach: 125 Gramm stark duftende (ungespritzte!) Rosenblütenblätter vorsichtig abbrausen, vom bitteren Stielansatz befreien und in eine Schüssel legen. Mit 1/2 Liter leicht erwärmtem Wasser übergießen. Zugedeckt 2 Tage stehen lassen. Durch ein mit einem Baumwolltuch ausgelegtes Sieb seihen und in kleine Fläschchen abfüllen.

Kokosmakronen

4 Eiweiß, 1 Prise Salz, 300 g Zucker,
2 EL Zitronensaft,
400 g Kokosraspel, Backoblaten

Eiweiß mit dem Salz steif schlagen. Nach und nach Zucker einrieseln lassen, Zitronensaft zugeben und weiterschlagen, bis sich der Zucker vollständig aufgelöst hat. Kokosraspel unterheben. Von der Makronenmasse mit zwei Teelöffeln jeweils kleine Häufchen auf die Oblaten geben und auf ein Backblech setzen. Im vorgeheizten Backofen bei 160 °C (Gas Stufe 2, Umluft 140 °C) etwa 15 Minuten goldgelb backen.

Springerle

4 Eier, 500 g Puderzucker, 1 Päckchen Vanillezucker,
1 TL unbehandelte, abgeriebene Zitronenschale,
500 g Mehl, 1 Msp. Hirschhornsalz, 20 g gemahlener
Anis, Butter für das Backblech

Die Eier mit dem Puderzucker, dem Vanillezucker und der Zitronenschale schaumig schlagen. Das Mehl sieben. Das in lauwarmem Wasser aufgelöste Hirschhornsalz, den Anis und nach und nach das Mehl zugeben. Alles zu einem festen Teig verarbeiten und 2 Stunden zugedeckt ruhen lassen. Den Teig auf bemehlter Arbeitsfläche 8 Millimeter dick ausrollen und mit bemehlter Form Rechtecke ausstechen. (Besonders schön und nostalgisch wirkt das Gebäck natürlich, wenn mit Hilfe von Modeln zauberhafte Gebäckbilder hergestellt werden.) Ein Backblech einfetten. Die Teigstücke auflegen und 24 Stunden in einem kühlen Raum trocknen lassen. Danach im vorgeheizten Backofen bei 160 °C (Gas Stufe 1, Umluft 140 °C) etwa 20 Minuten backen.

Flichter

Für den Teig:
500 g Mehl, 2 Eier, 250 g Zucker,
2 Päckchen Vanillezucker,
500 g kalte Butter

Zum Bestreichen:
125 g Butter, 100 g Zucker,
1 Päckchen Vanillezucker

Das Mehl in eine Schüssel sieben und in die Mitte eine Vertiefung drücken. Eier, Zucker und Vanillezucker in die Vertiefung geben. Etwas Mehl vom Rand zufügen und einen dicken Brei bereiten. Die Butter in Stückchen obenauf geben. Etwas Mehl darüberstreuen. Die Zutaten von der Mitte her mit den Händen zu einem glatten Teig verkneten. Ein Backblech mit Backpapier auslegen. Den Teig auf bemehlter Arbeitsfläche dünn ausrollen. Rechtecke von 3 mal 5 Zentimeter herausschneiden, auf dem Backblech anordnen. Butter zerlassen, die Flichter damit bepinseln. Zucker und Vanillezucker mischen und auf die Flichter streuen. Im vorgeheizten Backofen bei 200 °C (Gas Stufe 3, Umluft 180 °C) etwa 10 Minuten backen.

Gespritzte Plätzchen

80 g Marzipan-Rohmasse, 250 g weiche Butter, 150 g Puderzucker, 1 Prise Salz, 3 Eier, 2 TL unbehandelte, abgeriebene Orangenschale, 2 EL Orangenlikör, 400 g Mehl, 50 g Speisestärke, 1 TL Backpulver, 125 g Puderzucker, 1 EL Zitronensaft, fein geschnittene Orangenschale

Das Marzipan zerkleinern und mit der Butter, dem Puderzucker und dem Salz verrühren. Die Eier, die Orangenschale und den Likör unterrühren. Mehl, Speisestärke und Backpulver mischen, sieben und nach und nach untermengen. Ein Backblech mit Backpapier auslegen. Den Teig in einen Spritzbeutel mit Sterntülle füllen. Plätzchen in S-Form auf das Backpapier spritzen. Im vorgeheizten Backofen bei 180 °C (Gas Stufe 2, Umluft 160 °C) etwa 12 Minuten backen. Puderzucker und Zitronensaft verrühren. Die ausgekühlten Plätzchen an den Enden mit dem Puderzucker bestreichen. Orangenschale darauf anrichten.

Zimtküsse

3 Eiweiß, 250 g Puderzucker, 1 Päckchen Vanillezucker, 1 TL Zimt, 300 g gemahlene Haselnüsse, 60 g ganze Haselnüsse, 50 g Zartbitterkuvertüre

Das Eiweiß steif schlagen. Puderzucker sieben und mit dem Vanillezucker einrieseln lassen, dabei weiterschlagen. 4 Esslöffel von der Eischneemasse beiseitestellen. Zimt und gemahlene

Haselnüsse unter den restlichen Eischnee heben. Ein Backblech mit Backpapier auslegen. Mit nassen Händen aus der Masse walnussgroße Kugeln formen. Auf das Backblech legen. Mit dem Stiel eines Holzlöffels eine Vertiefung in die Kugeln drücken. In die Vertiefung jeweils eine Haselnuss setzen. Die Kugeln mit dem restlichen Eischnee bestreichen. Im vorgeheizten Backofen bei 140 °C (Gas Stufe 1, Umluft 130 °C) etwa 25 Minuten backen. Herausnehmen. Zum Abkühlen auf ein Kuchengitter setzen. Die Kuvertüre zerkleinern und über heißem Wasserbad schmelzen. Zarte Linien über die Zimtküsse ziehen.

Mandelküsse

100 g Marzipan-Rohmasse, 150 g Pistazien,
100 g geschälte Mandeln, 250 g Puderzucker,
2 Eiweiß, 30 g Zucker, 1 TL unbehandelte,
abgeriebene Zitronenschale, 30 g Mehl,
50 g Pistazien, 1 Eigelb, 1 EL Milch

Das Marzipan zerkleinern. Pistazien und Mandeln fein mahlen und mit dem Puderzucker mischen. Das Eiweiß mit dem Zucker steif schlagen. Mit der Pistazienmischung und dem Marzipan vermengen. Zitronenschale und Mehl zufügen und alles verkneten. Aus dem Teig kirschgroße Kugeln formen. Ein Backblech mit Backpapier auslegen. In jede Kugel 3 Pistazien drücken. Eigelb und Milch verrühren und die Kugeln damit bestreichen. Über Nacht an einem kalten Platz trocknen lassen. Am nächsten Tag im vorgeheizten Backofen bei 140 °C (Gas Stufe 1, Umluft 130 °C) etwa 25 Minuten backen.

Nussecken

Für den Teig:
200 g Butter, 150 g Zucker, 1 Päckchen
Vanillezucker, 1 Prise Salz, 2 Eier,
1 Eigelb, 400 g Mehl,
1 TL Backpulver, 200 g Aprikosenkonfitüre

Zum Bestreichen und Verzieren:
300 g Butter, 300 g Zucker, 2 Päckchen
Vanillezucker, 3 EL Milch, 150 g gemahlene
Haselnusskerne, 200 g gehobelte Haselnusskerne,
200 g Zartbitterkuvertüre

Butter, Zucker, Vanillezucker und Salz schaumig rühren.
Eier und Eigelb unterrühren. Mehl und Backpulver mischen,
sieben und nach und nach zum Teig geben. Alles gut verkneten.
Ein Backblech einfetten. Den Teig auf bemehlter Arbeitsfläche ausrollen und auf das Backblech geben. Mit der
Aprikosenkonfitüre bestreichen. Für den Belag die Butter
schmelzen lassen, Zucker, Vanillezucker und Milch zugeben,
kurz aufwallen lassen, vom Herd nehmen, die gemahlenen und
gehobelten Nüsse unterrühren. Etwas auskühlen lassen,
danach auf den Teig streichen. Im vorgeheizten Backofen
bei 180 °C (Gas Stufe 2, Umluft 160 °C) etwa 25 Minuten
backen. Kuchenplatte herausnehmen und auskühlen lassen.
Vierecke von 5 mal 5 Zentimeter schneiden. Diese diagonal
teilen, sodass Dreiecke entstehen. Die Kuvertüre zerkleinern
und über heißem Wasserbad schmelzen. Die beiden spitzen
Ecken jeweils in die Kuvertüre tauchen.

Mandelplätzchen mit Ingwer

Für den Teig:
250 g weiche Butter, 100 g Puderzucker,
1 Prise Salz, 2 TL unbehandelte, abgeriebene
Orangenschale, 2 Eigelb, 150 g Mehl,
200 g gemahlene Mandeln, 2 EL Orangensaft

Für die Füllung, zum Bestreichen und Verzieren:
200 g Ingwerkonfitüre, 1 EL Zitronensaft,
200 g Puderzucker, 2 EL Zitronensaft, 80 g kandierter
Ingwer, 2 TL unbehandelte, abgeriebene Zitronenschale

Butter, Puderzucker, Salz und Orangenschale verrühren.
Die Eigelbe unterrühren. Mehl, Mandeln und Orangensaft
zugeben und alles zu einem glatten Teig verkneten. Den
Teig in Alufolie wickeln und 1 Stunde kalt stellen. Für die
Füllung Ingwerkonfitüre und Zitronensaft verrühren. Den
Teig auf bemehlter Arbeitsfläche dünn ausrollen, Herzen,
Sterne und Kreise ausstechen. Ein Backblech mit Back-
papier auslegen, die Hälfte der Plätzchen auflegen.
Jeweils einen Klecks Konfitüre in die Mitte der Plätzchen
geben. Die restlichen dazu passenden Plätzchen auflegen,
die Ränder etwas andrücken. Im vorgeheizten Backofen bei
200 °C (Gas Stufe 3, Umluft 180 °C) etwa 12 Minuten backen.
Herausnehmen und auf einem Kuchengitter auskühlen lassen.
Puderzucker und Zitronensaft verrühren. Die Plätzchen
damit bestreichen. Den kandierten Ingwer fein schneiden und
mit der Zitronenschale mischen, die Plätzchen mit der
Ingwer-Zitronen-Mischung bestreuen.

Zimtblätter

200 g weiche Butter, 200 g Puderzucker,
1 Prise Salz, 3 Eier, 400 g Mehl, 2 EL Zimt,
150 g gemahlene Haselnusskerne, 100 g Zucker,
2 TL Zimt, 250 g Halbbitterkuvertüre

Butter und Puderzucker schaumig rühren. Salz und Eier unterrühren. Mehl und Zimt sieben und nach und nach mit den Nüssen zugeben. Alles zu einem glatten Teig verkneten. Eine Kugel formen und im Kühlschrank 1 Stunde kalt stellen. Ein Backblech mit Backpapier auslegen. Den Teig auf bemehlter Arbeitsfläche dünn ausrollen, mit Zucker und Zimt bestreuen. Kreise von 5 Zentimeter Durchmesser ausstechen und auf das Backblech legen. Im vorgeheizten Backofen bei 180 °C (Gas Stufe 2, Umluft 160 °C) etwa 10 Minuten backen. Die Kuvertüre zerkleinern, über heißem Wasserbad schmelzen und die Kreise zur Hälfte hineintauchen.

Zuckerplätzchen

500 g Mehl, 125 g Zucker, 2 Päckchen Vanillezucker,
1 Prise Salz, 1 TL unbehandelte, abgeriebene Zitronenschale,
1 Ei, 1 Eigelb, 250 g kalte Butter, 2 Eiweiß, 125 g Hagelzucker,
100 g Halbbitterkuvertüre

Das Mehl in eine Schüssel sieben, in die Mitte eine Vertiefung drücken. Zucker, Vanillezucker, Salz, Zitronenschale, Ei und

Eigelb hineingeben. Etwas Mehl vom Rand zufügen und einen dicken Brei bereiten. Die Butter in Stückchen schneiden und obenauf legen. Etwas Mehl darüberstreuen. Die Zutaten von der Mitte her zu einem glatten Teig verkneten. Eine Kugel formen und 1 Stunde kalt stellen. Den Teig auf bemehlter Arbeitsfläche dünn ausrollen. Herzen von 6 Zentimeter Durchmesser ausstechen. Ein Backblech mit Backpapier auslegen, die Herzen darauf anordnen. Mit Eiweiß bepinseln und mit Hagelzucker bestreuen. Im vorgeheizten Backofen bei 200 °C (Gas Stufe 3, Umluft 180 °C) etwa 10 Minuten backen. Die Kuvertüre zerkleinern, über heißem Wasserbad schmelzen und die Zuckerplätzchen mit feinen Linien verzieren.

Löffelbiskuits

3 Eier, 150 g Zucker, 1 Prise Salz, 50 g Mehl,
20 g Speisestärke, 125 g Puderzucker,
2 TL Kakao, 10 g weiche Butter

Die Eier trennen. Eigelbe, 1 Esslöffel warmes Wasser, Zucker und Salz schaumig rühren. Die Eiweiße steif schlagen und auf die Eigelbmasse gleiten lassen. Mehl und Speisestärke mischen, auf die Eiweißmasse sieben und alles vorsichtig unterheben. Die Masse in einen Spritzbeutel mit Lochtülle füllen. Ein Backblech mit Backpapier auslegen. 4 Zentimeter lange Löffelbiskuits aufspritzen. Im vorgeheizten Backofen bei 180 °C (Gas Stufe 2, Umluft 160 °C) etwa 12 Minuten backen. Puderzucker, Kakao, 1 Esslöffel heißes Wasser und Butter glatt rühren, die Enden der Biskuits damit bestreichen.

Walnuss-Baisers

5 Eiweiß, 300 g Zucker, 250 g gehackte Walnüsse,
200 g entsteinte, fein geschnittene Datteln

Eiweiß steif schlagen, dabei nach und nach 100 Gramm
Zucker einrieseln lassen. Den restlichen Zucker zufügen
und so lange weiterschlagen, bis die Masse ganz steif ist
und mit einem Messer geschnitten werden kann. Walnüsse
und Datteln unterheben. Ein Backblech mit Backpapier
auslegen. Mit 2 Teelöffeln von der Masse Klößchen abstechen
und auf das Backpapier setzen. Im vorgeheizten Backofen
bei 80 °C trocknen lassen, dabei mit Backpapier abdecken,
damit die Baisers nicht zu braun werden.

Orangentaler

Für den Teig:
180 g weiche Butter, 110 g Zucker, 1 Päckchen Vanillezucker,
1 Prise Salz, 2 Eier, 1 TL Backpulver, 300 g Mehl,
50 g Speisestärke

Für die Glasur:
200 g Puderzucker, 2 EL Orangenlikör, fein geschnittene Schale
von 1 unbehandelten Orange

Butter und Zucker schaumig rühren. Vanillezucker, Salz und Eier
unterrühren. Das Backpulver mit dem Mehl und der Speisestärke
mischen und darübersieben. Einen glatten Teig bereiten. Den Teig auf
bemehlter Arbeitsfläche 5 Millimeter dick ausrollen und 6 Zentimeter
große Taler ausstechen. Ein Backblech einfetten, die Taler auflegen
und im vorgeheizten Backofen bei 200 °C (Gas Stufe 3, Umluft 180 °C)
etwa 10 Minuten backen. Herausnehmen und auskühlen lassen.
Für die Glasur den Puderzucker sieben und mit dem Orangenlikör
verrühren. Die Taler damit überziehen und mit Orangenschale verzieren.

Tipp

Orangen mit ihren wertvollen Fruchtsäuren und dem hohen Vitamingehalt gibt es inzwischen das ganze Jahr über. Man bewahrt sie am
besten dunkel und bei Temperaturen um 10 °C in einem gut belüfteten
Speiseschrank oder im Gemüsefach des nicht zu kühl eingestellten
Kühlschranks auf. Sie halten sich etwa 2 Wochen, der Vitamingehalt
geht jedoch bei der Lagerung stetig zurück. Achtung: Zum Backen nur
die Schale von unbehandelten Früchten verwenden!

Fruchtplätzchen

125 g weiches Kokosfett, 125 g weiche Butter,
100 g Zucker, 1 TL unbehandelte, abgeriebene Zitronenschale, 2 EL Zitronensaft, 1 Ei, 2 Eigelb, 3 EL Kakao,
500 g Mehl, 1 TL Backpulver, 30 g fein geschnittenes
Zitronat, 50 g fein geschnittene getrocknete Aprikosen,
1 TL Zimt, 100 g Puderzucker

Kokosfett, Butter und Zucker schaumig rühren. Zitronenschale,
Zitronensaft, Ei und Eigelbe unterrühren. Kakao, Mehl und
Backpulver mischen und unterkneten. Zitronat und Aprikosen
untermengen. Den Teig 2 Stunden kalt stellen. Danach auf
bemehlter Arbeitsfläche dünn ausrollen. Taler von 5 Zentimeter
Durchmesser ausstechen. Ein Backblech mit Backpapier auslegen,
die Taler darauf anordnen. Im vorgeheizten Backofen bei 200 °C
(Gas Stufe 3, Umluft 180 °C) etwa 10 Minuten backen. Zimt und
Puderzucker mischen und auf die Plätzchen sieben.

Spritzgebäck

150 g weiche Butter, 125 g Zucker, 1 Päckchen
Vanillezucker, 2 Eier, 200 g Mehl, 50 g Speisestärke,
1 TL Backpulver, 80 g gemahlene Mandeln,
100 g Halbbitterkuvertüre, 1 TL Öl

Butter und Zucker schaumig schlagen. Vanillezucker und
Eier unterrühren. Mehl, Speisestärke und Backpulver

mischen, sieben, nach und nach unter die Buttermischung rühren. Danach die Mandeln untermengen. Ein Backblech mit Backpapier auslegen. Den Teig in einen Spritzbeutel mit Sterntülle füllen. Kringel und andere Formen auf das Backpapier spritzen. Im vorgeheizten Backofen bei 200 °C (Gas Stufe 3, Umluft 180 °C) etwa 10 Minuten backen. Die Kuvertüre zerkleinern, mit dem Öl über heißem Wasserbad schmelzen. Die Kringel mit den Enden in die Kuvertüre tauchen. Auf einem Kuchengitter trocknen lassen.

Zigarren

250 g Sirup, 50 g Zucker, 1/8 l Milch, 500 g Roggen-mehl, 1 TL Backpulver, 100 g gehackte Mandeln, 1 TL Pfefferkuchengewürz, 100 g Zartbitterschokolade

Sirup, Zucker und Milch erhitzen und wieder auf Zimmertemperatur auskühlen lassen. Das Roggenmehl mit dem Backpulver mischen, in eine Schüssel sieben und in die Mitte eine Vertiefung drücken. Die Sirupmischung, die Mandeln und das Pfefferkuchengewürz hineingeben. Etwas Mehl vom Rand darüberstreuen. Die Zutaten von der Mitte her mit den Händen zu einem glatten Teig verkneten. Ein Backblech einfetten. Aus dem Teig fingerlange und fingerdicke Rollen formen und auf das Backblech legen. Im vorgeheizten Backofen bei 200 °C (Gas Stufe 3, Umluft 180 °C) etwa 10 Minuten backen. Die Zartbitterschokolade zerkleinern und über heißem Wasserbad schmelzen. Jeweils eine Seite der Zigarren hineintauchen. Auf einem Kuchengitter trocknen lassen.

Zimtsterne

4 Eiweiß, 1 Prise Salz, 250 g Zucker, 1 Päckchen
Vanillezucker, 1 TL Orangensaft, 2 TL Zimt,
350 g gemahlene Mandeln, 100 g Puderzucker

Das Eiweiß mit dem Salz steif schlagen. Zucker, Vanillezucker
und Orangensaft zugeben und weiterschlagen. 8 Esslöffel
Eiweißmasse beiseitestellen. Unter die restliche Eiweißmasse Zimt
und Mandeln heben. Puderzucker auf die Arbeitsfläche stäuben, den
Teig darauf 8 Millimeter dick ausrollen. Sterne ausstechen. Ein
Backblech mit Backpapier auslegen. Die Sterne darauf anordnen
und mit der beiseitegestellten Eiweißmasse bestreichen. Im
vorgeheizten Backofen bei 160 °C (Gas Stufe 2, Umluft 140 °C)
etwa 20 Minuten backen.

Amarettoplätzchen

400 g Mehl, 2 TL Backpulver, 250 g Zucker,
2 Päckchen Vanillezucker, je 1/2 TL gemahlene
Nelken, Kardamom, Sternanis, Zimt,
1 Prise Salz, 2 EL Amaretto, 50 g Butter,
3 Eier, 200 g ganze geschälte Mandeln

Mehl, Backpulver, Zucker, Vanillezucker, Nelken,
Kardamom, Sternanis, Zimt und Salz in eine Schüssel geben
und mischen. In die Mitte eine Vertiefung drücken. Amaretto,
Butter und Eier hineingeben, etwas Mehl vom Rand

darüberstreuen. Die Zutaten von der Mitte her zu einem glatten Teig verkneten. Die ganzen Mandeln untermengen. Den Teig 30 Minuten kalt stellen, dann in 4 gleich große Stücke teilen. Jedes Stück zu einer Rolle formen. Ein Backblech mit Backpapier auslegen, die Teigrollen auflegen. Im vorgeheizten Backofen bei 200 °C (Gas Stufe 3, Umluft 180 °C) etwa 15 Minuten backen. Blech herausnehmen, die Rollen in 1 Zentimeter dicke Scheiben schneiden. Mit der Schnittfläche auf das Backpapier legen und weitere 5 Minuten backen.

Schokoladentaler

250 g weiche Butter, 150 g Zucker, 1 Päckchen Vanillezucker, 1 Prise Salz, 2 Eier, 250 g Mehl, 50 g Speisestärke, 1 TL Backpulver, 200 g Walnusskerne, 200 g Puderzucker, 3 EL Kakao, 20 g weiches Kokosfett

Butter und Zucker schaumig rühren. Vanillezucker, Salz und Eier unterrühren. Mehl, Speisestärke und Backpulver mischen und darübersieben. Einen glatten Teig bereiten. Aus dem Teig Rollen von 4 Zentimeter Durchmesser formen und in 1 Zentimeter dicke Scheiben schneiden. Auf jede Teigscheibe eine Walnusshälfte drücken. Ein Backblech einfetten, die Taler auflegen und im vorgeheizten Backofen bei 200 °C (Gas Stufe 3, Umluft 180 °C) etwa 12 Minuten backen. Herausnehmen und auskühlen lassen. Den Puderzucker sieben und mit Kakao, 2 Esslöffel heißem Wasser und dem Kokos-fett verrühren. Die Taler damit überziehen.

Orangenkugeln

2 Eier, 150 g Zucker, 1 TL unbehandelte, abgeriebene Orangenschale, 150 g fein geschnittenes Orangeat, 50 g fein geschnittenes Zitronat, 200 g Mehl, 100 g gehackte Mandeln, kandierte Kirschen zum Garnieren

Eier und Zucker schaumig rühren, sodass eine dickflüssige Creme entsteht. Orangenschale, Orangeat und Zitronat unterrühren. Das Mehl darübersieben und unterkneten. Ein Backblech mit Backpapier auslegen. Aus dem Teig mit feuchten Händen walnussgroße Kugeln formen, in den Mandeln wälzen und auf das Backpapier setzen, mit kandierten Kirschen garnieren. Im vorgeheizten Backofen bei 180 °C (Gas Stufe 2, Umluft 160 °C) etwa 12 Minuten backen. Herausnehmen, vom Backpapier lösen und auskühlen lassen.

Marzipanrauten

300 g Mehl, 2 Eigelb, 100 g Marzipan-Rohmasse, 100 g Zucker, 1 Päckchen Vanillezucker, 1 Prise Salz, 100 g gemahlene Mandeln, 1 Eiweiß, 100 g Mandelblättchen, Puderzucker zum Bestäuben

Das Mehl in eine Schüssel sieben und in die Mitte eine Vertiefung drücken. Die Eigelbe hineingeben. Die Mandel-Rohmasse zerkleinern und mit dem Zucker, Vanillezucker, dem Salz und den Mandeln in die Vertiefung geben. Alles von der

Mitte her zu einem glatten Teig verkneten. Den Teig zu einer Kugel formen, in Alufolie wickeln und 1 Stunde kalt stellen. Den Teig auf bemehlter Arbeitsfläche dünn ausrollen. Mit einem Kuchenrädchen Rauten von 5 Zentimeter Seitenlänge ausschneiden. Ein Backblech mit Backpapier auslegen und die Rauten daraufgeben, mit Eiweiß bestreichen, danach die Mandelblättchen aufstreuen. Im vorgeheizten Backofen bei 200 °C (Gas Stufe 3, Umluft 160 °C) etwa 12 Minuten backen.

Ingwermakronen

4 Eiweiß, 1 EL Zitronensaft, 1 Prise Salz, 200 g Zucker, 1/2 TL unbehandelte, abgeriebene Zitronenschale, 50 g frischer, geriebener Ingwer, 300 g Kokosraspel, 150 g Zartbitterkuvertüre

Eiweiß in eine Schüssel geben und mit Zitronensaft und Salz steif schlagen, dabei den Zucker nach und nach einrieseln lassen. Danach Zitronenschale, geriebenen Ingwer und die Kokosraspel unterziehen. Ein Backblech mit Backpapier auslegen. Mit zwei Teelöffeln kleine Makronenhäufchen auf das Backpapier setzen. Im vorgeheizten Backofen bei 180 °C (Gas Stufe 2, Umluft 160 °C) etwa 12 Minuten backen. Herausnehmen und auskühlen lassen. Die Zartbitterkuvertüre zerkleinern und über heißem Wasserbad schmelzen. Auskühlen lassen und nochmals unter Rühren erhitzen. Die Ingwermakronen zur Hälfte in die Kuvertüre tauchen und auf einem Kuchengitter trocknen lassen.

Vanillekipferl

400 g Mehl, 125 g Zucker, 6 Päckchen Vanillezucker,
1 Prise Salz, 80 g gemahlene Mandeln, 2 Eigelb,
200 g kalte Butter, 100 g Puderzucker

Das Mehl in eine Schüssel sieben und in die Mitte eine Vertiefung drücken. Zucker, 5 Päckchen Vanillezucker, Salz, Mandeln und Eigelbe hineingeben. Etwas Mehl vom Rand zufügen und einen dicken Brei bereiten. Die Butter in Stückchen obenauf legen. Etwas Mehl darüberstreuen. Die Zutaten von der Mitte her mit den Händen zu einem glatten Teig kneten. Rollen von 5 Zentimeter Durchmesser formen und 1 Stunde kalt stellen. Die Rollen in 8 Millimeter dicke Scheiben schneiden und zu Hörnchen biegen. Ein Backblech mit Backpapier auslegen, die Vanillekipferl auflegen. Im vorgeheizten Backofen bei 200 °C (Gas Stufe 3, Umluft 180 °C) etwa 10 Minuten backen. Puderzucker und das restliche Päckchen Vanillezucker mischen. Die heißen Vanillekipferl in der Zuckermischung wälzen.

Tipp

Vanillezucker können Sie auch selbst herstellen: Füllen Sie dafür 12 Vanilleschoten in ein Glas und geben Sie so viel Zucker zu, dass die Schoten bedeckt sind. Danach das Glas gut verschließen. Nach drei Monaten hat die Vanille ihr intensives Aroma an den Zucker übertragen. Echter Vanillezucker wird aber auch im Handel (Naturkostladen) unter dem Namen Bourbon-Vanille-Zucker angeboten. Dieses Produkt besteht aus weißem Kristallzucker und fein geriebener echter Vanille: Für Vanillekipferl stets das Beste!

Baumkuchenecken

10 Eier, 200 g Zucker, 1 Päckchen Vanillezucker,
1/2 TL unbehandelte, abgeriebene Zitronenschale, 200 g Butter,
125 g Mehl, 80 g Speisestärke, Butter für die Springform,
je 150 g halbbittere und weiße Kuvertüre

Die Eier trennen. Die Eigelbe in eine Schüssel geben und mit
Zucker, Vanillezucker und Zitronenschale schaumig schlagen.
Die Butter in einer anderen Schüssel ebenfalls schaumig
rühren. Mehl und Speisestärke mischen, auf die Butter sieben
und unterrühren. Die Eigelbmasse zufügen und untermischen.
Das Eiweiß steif schlagen und unter den Teig heben. Eine
Springform einfetten, 1–2 Esslöffel Teig hineingeben, glatt
streichen und im vorgeheizten Backofen etwa 4 Minuten backen.
Auf die gebräunte Schicht erneut 1–2 Esslöffel Teig geben, glatt
streichen und im Backofen 4 Minuten backen. Diesen Vorgang
wiederholen, bis der Teig aufgebraucht ist. Den fertigen Kuchen
auf einem Kuchengitter auskühlen lassen, danach in kleine
Ecken schneiden. Die Kuvertüren zerkleinern und getrennt über
heißem Wasserbad schmelzen. Die Kuchenecken auf eine Gabel
spießen, die Hälfte der Ecken in die dunkle, die restlichen Ecken
in die weiße Kuvertüre tauchen. Zum Trocknen auf ein
Kuchengitter setzen.

Tipp

Wer über einen Grill verfügt, kann die Backzeit verkürzen. Unter
dem vorgeheizten Grill bräunt die Teigschicht in 1–2 Minuten.

Die Gefüllten

Köstliche Füllungen veredeln diese leckeren Plätzchen und machen sie unwiderstehlich. In welche der süßen Prachtstücke möchten Sie zuerst hinein - beißen? Am besten probiert man diese fruchtig - aromatischen Leckerbissen einen nach dem anderen und entdeckt ganz nebenbei sein Lieblingsplätzchen.

Blütenplätzchen

Für den Teig:

250 g Mehl, 50 g Speisestärke, 1 TL Backpulver,
50 g Zucker, 1 Päckchen Vanillezucker,
2 EL saure Sahne, 175 g kalte Butter

Für die Füllung:

200 g Kirschkonfitüre, 1 EL Obstgeist

Für Glasur und Verzierung:

125 g Puderzucker, 1 EL Kakao, 30 g zerlassenes
Kokosfett, geröstete Mandelblättchen

Mehl, Speisestärke und Backpulver mischen und in eine Schüssel sieben. In die Mitte eine Vertiefung drücken. Zucker, Vanillezucker und saure Sahne hineingeben. Etwas Mehl vom Rand zufügen und einen dicken Brei bereiten. Die Butter in Stückchen obenauf legen und mit etwas Mehl bestäuben. Die Zutaten von der Mitte her mit den Händen zu einem glatten Teig verkneten. Den Teig zu einer Kugel formen, in Alufolie wickeln und 30 Minuten kalt stellen. Ein Backblech mit Backpapier auslegen. Den Teig auf bemehlter Arbeitsfläche 3 Millimeter dick ausrollen. Mit einem Kuchenrädchen Kreise von 6 Zentimeter Durchmesser ausrollen, die Kreise, die wie Blüten aussehen, auf das Backblech legen. Im vorgeheizten Backofen bei 200 °C (Gas Stufe 3, Umluft 180 °C) etwa 10 Minuten backen. Herausnehmen und auskühlen lassen. Kirschkonfitüre durch ein Sieb streichen und mit dem Obstgeist verrühren. Die Hälfte der Blütenplätzchen damit bestreichen. Für die Glasur Puderzucker und Kakao mit 1 Esslöffel heißem

Wasser zu einer dickflüssigen Masse verrühren, das zerlassene
Kokosfett unterrühren. Die restlichen Blütenplätzchen auf der
Oberseite damit bestreichen und auf die mit Konfitüre bestrichenen
Plätzchen setzen. Mit Mandelblättchen verzieren.

Jelängerjelieber

250 g weiche Butter, 125 g Puderzucker, 3 Eier,
400 g Mehl, 150 g Erdbeerkonfitüre,
100 g Zartbitterkuvertüre, 1 TL Öl

Butter und Puderzucker verrühren. Die Eier unterrühren.
Das Mehl sieben und nach und nach untermengen. Etwas Teig in die
angefeuchtete Handfläche geben, den Teig leicht flach drücken, einen
Klecks Erdbeerkonfitüre in die Mitte setzen und den Teig zu einer
Kugel formen. Auf diese Weise den gesamten Teig verbrauchen. Ein
Backblech einfetten, die Kugeln daraufsetzen. Im vorgeheizten
Backofen bei 180 °C (Gas Stufe 2, Umluft 160 °C) etwa
15 Minuten backen. Herausnehmen und auskühlen lassen.
Die Zartbitterkuvertüre mit dem Öl über heißem Wasserbad
schmelzen. Die Kugeln damit mit feinen Linien überziehen.

Tipp

Anstelle von dunkler Kuvertüre kann man auch weiße Kuvertüre
verwenden. Nach Belieben können Sie auch die Füllung verfeinern.
Dafür die Erdbeerkonfitüre durch ein Sieb streichen und mit
2 Teelöffel Obstgeist und 1 Esslöffel geriebenen, leicht gerösteten
Mandeln verrühren.

Nusstaschen

Für den Teig:
400 g Mehl, 125 g gemahlene Haselnusskerne, 150 g Zucker, 1/2 TL unbehandelte, abgeriebene Zitronenschale, 1 Ei, 1 Prise Salz, 225 g kalte Butter

Für die Füllung:
100 g geschälte Haselnusskerne, 125 g Rosinen, 2 EL Rum, 100 g geriebene Zartbitterschokolade, 1 Eiweiß, Puderzucker zum Bestäuben

Das Mehl mit den Nüssen mischen, in die Mitte eine Vertiefung drücken. Zucker, Zitronenschale, Ei und Salz in die Vertiefung geben. Etwas Mehl vom Rand zufügen und einen dicken Brei bereiten. Die Butter in Stückchen schneiden und obenauf legen. Von der Mitte her mit den Händen alles zu einem glatten Teig verkneten. Eine Kugel formen, in Alufolie wickeln und 1 Stunde kalt stellen. Für die Füllung Haselnusskerne, Rosinen, Rum und Zartbitterschokolade mischen. Den Teig auf bemehlter Arbeitsfläche 5 Millimeter dick ausrollen. Kreise von 6 Zentimeter Durchmesser ausstechen und mit Eiweiß bepinseln. Auf jeden Kreis einen Teelöffel der vorbereiteten Nussmischung geben. Ein Backblech mit Backpapier auslegen. Die Seitenteile über die Nussmischung klappen und die Plätzchen auf das Backblech setzen. Die Nusstaschen im vorgeheizten Backofen bei 200 °C (Gas Stufe 3, Umluft 180 °C) etwa 15 Minuten backen. Herausnehmen, etwas abkühlen lassen, mit Puderzucker bestäuben.

Gefüllte Marmeladenplätzchen

Für den Teig:
150 g weiche Butter, 100 g Zucker, 1 TL unbehandelte,
abgeriebene Zitronenschale, 1 Ei, 1 EL Rum,
375 g Mehl, 2 EL Kakao

Für Füllung und Verzierung:
150 g Marzipan-Rohmasse, 50 g Puderzucker,
1 EL Johannisbeerlikör, 125 g Johannisbeerkonfitüre,
125 g Halbbitterkuvertüre, Zuckerperlen

Butter und Zucker schaumig rühren. Zitronenschale, Ei
und Rum unterrühren. Das Mehl mit dem Kakao mischen,
sieben, zum Teig geben und unterkneten. 2 Stunden kalt stellen.
Den Teig auf bemehlter Arbeitsfläche ausrollen. Kreise von
5 Zentimeter Durchmesser ausstechen. Ein Backblech mit
Backpapier auslegen, die Kreise auflegen und im vorgeheizten
Backofen bei 180 °C (Gas Stufe 2, Umluft 160 °C) etwa
12 Minuten backen. Herausnehmen, die Plätzchen vom
Backpapier lösen und auskühlen lassen. Marzipan-Rohmasse
mit dem Puderzucker und dem Likör verkneten, ausrollen und
Kreise von 5 Zentimeter Durchmesser ausstechen. Zwei
Drittel der Plätzchen mit Konfitüre bestreichen und mit
Marzipankreisen bedecken. Jeweils 2 belegte Kreise
übereinandersetzen. Die restlichen Teigkreise auf der Unterseite
mit Konfitüre bestreichen, auf die belegten Kreise setzen und
leicht andrücken. Die Kuvertüre zerkleinern, über heißem
Wasserbad schmelzen und die Plätzchen damit überziehen.
Mit Zuckerperlen verzieren.

Nusskringel

Für den Teig:
300 g Mehl, 1 Ei, 100 g Zucker, 1 Päckchen Vanillezucker, 150 g kalte Butter

Für Füllung und Verzierung:
100 g geschälte Haselnusskerne, 150 g Nuss-nugat, 250 g Zartbitterkuvertüre, 1 TL Öl

Das Mehl in eine Schüssel sieben und in die Mitte eine Vertiefung drücken. Das Ei hineingeben. Zucker und Vanillezucker zufügen. Etwas Mehl vom Rand zufügen und einen dicken Brei bereiten. Die Butter in Stückchen schneiden und obenauf legen. Die Zutaten von der Mitte her mit den Händen zu einem glatten Teig verkneten. Eine Kugel formen, in Alufolie wickeln und im Kühlschrank 1 Stunde kalt stellen. Inzwischen für die Verzierung die Haselnüsse grob hacken und in einer Pfanne ohne Fett rösten. Den Teig auf bemehlter Arbeitsfläche dünn ausrollen und Kreise von 5 Zentimeter Durchmesser ausstechen. Mit einer kleinen runden Ausstechform das Innere ausstechen, sodass Ringe entstehen. Ein Backblech mit Backpapier auslegen. Die Ringe auflegen und im vorgeheizten Backofen bei 200 °C (Gas Stufe 3, Umluft 180 °C) 10 Minuten backen. Nussnugat zerkleinern und nach Packungsanweisung erwärmen. Die gebackenen Ringe damit bestreichen. Jeweils zwei Ringe aufeinandersetzen. Die Oberfläche mit Haselnüssen bestreuen. Die Kuvertüre zerkleinern, mit dem Öl über heißem Wasserbad schmelzen. Die Kringel damit überziehen.

Himbeerplätzchen

Für den Teig:

300 g Mehl, 1 EL Speisestärke, 1 TL Backpulver, 2 EL Kakao, 100 g Zucker, 1 Päckchen Vanillezucker, 1 Ei, 200 g kalte Butter

Für Füllung und Verzierung:

Himbeermarmelade, 150 g Zartbitterkuvertüre, Schoko - Mokkabohnen (Fertigware)

Mehl, Speisestärke, Backpulver und Kakao mischen, in eine Schüssel sieben und in die Mitte eine Vertiefung drücken. Zucker, Vanillezucker und das Ei in die Vertiefung geben. Mit einem Teil des Mehls einen dicken Brei bereiten. Die Butter in Stückchen obenauf geben, etwas Mehl darüberstäuben und die Zutaten von der Mitte her zu einem glatten Teig verkneten. 30 Minuten kalt stellen. Den Teig auf bemehlter Arbeitsfläche dünn ausrollen und Kreise von 4 Zentimeter Durchmesser ausstechen. Ein Backblech einfetten, die Plätzchen auflegen. Im vorgeheizten Backofen bei 200 °C (Gas Stufe 3, Umluft 180 °C) etwa 10 Minuten backen. Herausnehmen und auskühlen lassen. Die Hälfte der Plätzchen auf der Unterseite mit Himbeermarmelade bestreichen, die anderen Plätzchen mit der Unterseite daraufsetzen. Die Kuvertüre zerkleinern, über heißem Wasserbad schmelzen. Die Plätzchen damit überziehen und mit Mokkabohnen verzieren.

Tipp

Backpulver hebt das Backwerk und macht es locker und luftig. Damit es seine Wirkung voll entfaltet, wird es mit Mehl und Speisestärke vermischt, bevor es zum Teig gegeben wird.

Kaffeeplätzchen

Für den Teig:

300 g weiche Butter, 150 g Zucker, 1 Prise Salz, 2 Eier,
125 g Mehl, 25 g Kakao, 4 TL Instant - Kaffeepulver

Für die Füllung:

100 g Nugatmasse, 50 g weiches Kokosfett,
40 g Puderzucker, 100 g Zartbitterkuvertüre

Butter und Zucker schaumig rühren. Salz und Eier einrühren.
Mehl und Kakao mischen, auf die Buttermischung sieben, das
Kaffeepulver zugeben und alles miteinander vermengen. Ein
Backblech mit Backpapier auslegen. Die Masse in einen

Spritzbeutel mit Lochtülle füllen und kleine Kringel auf-
spritzen. Im vorgeheizten Backofen bei 180 °C (Gas Stufe 2,
Umluft 160 °C) etwa 10 Minuten backen. Auf einem
Kuchengitter auskühlen lassen. Nugat, Kokosfett und
Puderzucker verrühren. Die Hälfte der Kringel auf der glatten
Seite mit der Nugatmasse bestreichen. Die restlichen Plätzchen
mit der glatten Seite dagegensetzen und etwas andrücken. Die
Kuvertüre zerkleinern und über heißem Wasserbad schmelzen.
Die Plätzchen mit feinen Linien überziehen.

Makronen

400 g Zucker, 3 Päckchen Vanillezucker,
8 Eiweiß, 250 g gemahlene Haselnüsse, 1 TL unbehandelte,
abgeriebene Limettenschale, 1 Prise Salz,
30 g Mehl, 100 g Orangenkonfitüre,
100 g weiße Kuvertüre

Zucker, Vanillezucker, Eiweiß, Nüsse, Limettenschale und Salz in
einen Topf geben und verrühren. Bei leichter Hitze unter Rühren
erwärmen. Nicht kochen! Vom Herd nehmen und das Mehl
einrühren. Alles auskühlen lassen. Ein Backblech mit Backpapier
auslegen. Den Teig in einen Spritzbeutel mit Lochtülle füllen.
Pflaumengroße Makronen aufspritzen. Im vorgeheizten Backofen
bei 200 °C (Gas Stufe 3, Umluft 180 °C) etwa 10 Minuten backen.
Die Hälfte der ausgekühlten Makronen auf der Unterseite mit
Orangenkonfitüre bestreichen. Die andere Hälfte dagegensetzen.
Kuvertüre zerkleinern, über heißem Wasserbad schmelzen und die
Makronen damit verzieren.

Gefüllte Marzipanplätzchen

Für den Teig:

8 Eier, 300 g Marzipan-Rohmasse, 150 g Zucker,
1 Prise Salz, 120 g Mehl, 50 g gemahlene Haselnüsse, 200 g Aprikosenmarmelade, 1 EL Aprikosenlikör,
150 g Puderzucker

Für Glasur und Verzierung:

500 g Puderzucker, 1 EL Kokosfett, kandierte Früchte, Schoko-
Mokkabohnen, Schokoladenstreusel, Zuckerperlen

Die Eier trennen. In einer Schüssel Eigelbe, 50 Gramm
Marzipan-Rohmasse, Zucker und Salz schaumig rühren. Die
Eiweiße steif schlagen und unterheben. Das Mehl darübersieben
und mit den Haselnüssen unterziehen. Zwei Backbleche mit
Backpapier auslegen, die Masse aufstreichen und im
vorgeheizten Backofen bei 200 °C (Gas Stufe 3, Umluft 180 °C)
etwa 12 Minuten backen. Bleche herausnehmen, stürzen, das
Backpapier abziehen und auf Kuchengitter auskühlen lassen.
Aus den Kuchenplatten Quadrate von 4 Zentimeter Kantenlänge
schneiden. Jeweils 3 Stück übereinandersetzen. Dafür die
Aprikosenmarmelade mit dem Aprikosenlikör verrühren, jedes
der 3 Stücke mit Marmelade bestreichen und aufeinandersetzen.
Restliche Marzipan-Rohmasse und 100 Gramm Puderzucker
verkneten und auf dem restlichen Puderzucker ausrollen. Eine
Decke für die Plätzchen ausstechen, auf die Plätzchen setzen und
andrücken. Für die Glasur den Puderzucker in eine Schüssel
sieben, 3 bis 4 Esslöffel heißes Wasser und das zerlassene
Kokosfett einrühren, sodass eine zähflüssige Masse entsteht. Die

Plätzchen mit der Glasur überziehen. Die Plätzchen mit kandierten Früchten, Mokkabohnen, Schokoladenstreuseln und Zuckerperlen verzieren.

Bananenplätzchen

Für den Teig:
150 g weiche Butter, 125 g Zucker, 1 TL unbehandelte, abgeriebene Zitronenschale, 1 Prise Salz, 2 Eier, 2 Bananen, 4 EL Milch, 120 g Mehl, 30 g Speisestärke, 1 TL Backpulver, 2 EL geriebene Schokolade, 1 EL gehackte Mandeln

Für Füllung und Verzierung:
150 g Orangenkonfitüre, 150 g Puderzucker, 1 EL Orangensaft, kandierte Ingwerstücke

Butter, Zucker, Zitronenschale und Salz schaumig rühren. Die Eier unterrühren. Die Bananen schälen, zerdrücken und mit der Milch unterrühren. Mehl, Speisestärke und Backpulver mischen, auf die Buttermischung sieben und mit der Schokolade und den Mandeln unterheben. Ein Backblech mit Backpapier auslegen, den Teig daraufgeben. Im vorgeheizten Backofen bei 180 °C (Gas Stufe 2, Umluft 160 °C) etwa 20 Minuten backen. Herausnehmen und auskühlen lassen. 4 Zentimeter große Quadrate aus der Kuchenplatte schneiden. Die Hälfte mit Orangenkonfitüre bestreichen, die restlichen aufsetzen. Puderzucker mit Orangensaft verrühren und die Plätzchen damit überziehen. Kandierte Ingwerstücke auflegen.

Sterntürmchen

Für den Teig:
300 g Mehl, 2 TL Backpulver, 100 g Zucker,
1 Päckchen Vanillezucker, 1 Ei, 150 g kalte Butter

Für Füllung und Verzierung:
200 g Erdbeer-Ingwer-Konfitüre, Puderzucker,
kandierte Kirschen

Mehl und Backpulver mischen und in eine Schüssel sieben. In die Mitte eine Vertiefung drücken. Zucker, Vanillezucker und das Ei hineingeben, etwas Mehl vom Rand zugeben und einen dicken Brei bereiten. Die Butter in Stückchen schneiden und obenauf geben. Die Zutaten von der Mitte her mit den Händen zu einem glatten Teig verkneten. Eine Kugel formen, in Alufolie wickeln und im Kühlschrank 30 Minuten kalt stellen. Ein Backblech mit Backpapier auslegen. Den Teig auf bemehlter Arbeitsfläche 3 Millimeter dick ausrollen. Sterne in vier verschiedenen Größen, aber von gleicher Zackenanzahl ausstechen. Auf dem Backblech anordnen. Im vorgeheizten Backofen bei 180 °C (Gas Stufe 2, Umluft 160 °C) etwa 10 Minuten backen. Herausnehmen und auskühlen lassen. Für die Türmchen jeweils 4 Sterne mit unterschiedlichen Größen zusammensetzen. Dafür jeweils 3 der kleineren Sterne auf der Unterseite mit Erdbeer-Ingwer-Konfitüre (oder auch jeder beliebigen anderen Konfitüre) bestreichen und terrassenförmig auf den größten Stern setzen. Mit Puderzucker bestäuben. Kirschen in Viertel schneiden und auf jedes Sterntürmchen ein Kirschstückchen legen.

Storchennester

Für den Teig:
250 g Mehl, 1 TL Backpulver, 80 g Zucker,
1 Päckchen Vanillezucker, 1 Ei, 125 g kalte Butter

Für Füllung und Glasur:
Erdbeermarmelade, 125 g Puderzucker,
2 TL Zitronensaft, 20 g Kokosfett

Mehl und Backpulver mischen und in eine Schüssel sieben. In die Mitte eine Vertiefung drücken. Zucker, Vanillezucker und das Ei hineingeben. Etwas Mehl vom Rand zufügen und einen dicken Brei bereiten. Die Butter in Stückchen obenauf legen und etwas Mehl darüberstäuben. Die Zutaten von der Mitte her zu einem glatten Teig verkneten. 30 Minuten kalt stellen. Den Teig auf bemehlter Arbeitsfläche dünn ausrollen. Runde Plätzchen und Ringe in gleicher Größe ausstechen. Ein Backblech einfetten und die Plätzchen auflegen. Im vorgeheizten Backofen bei 200 °C (Gas Stufe 3, Umluft 180 °C) etwa 10 Minuten backen. Die Plätzchen auf der glatten Seite mit Erdbeermarmelade bestreichen. Die Ringe auflegen. Puderzucker und Zitronensaft verrühren. Kokosfett zerlassen und mit 1 Teelöffel heißem Wasser einrühren. Die Ringe damit bestreichen.

Tipp

Anstelle von Erdbeermarmelade können Sie auch Pflaumenmus oder Orangenmarmelade verwenden und mit einem Schuss Weinbrand oder Rosenwasser verfeinern.

Glühweinplätzchen

Für den Teig:
500 g Mehl, 2 TL Backpulver, 150 g Zucker,
1 Päckchen Vanillezucker, 2 Eier, 50 g gemahlene Mandeln,
2 Tropfen Bittermandelöl, 250 g kalte Butter

Für Füllung und Glasur:
200 g Nugatmasse, 200 ml Rotwein, 2 Gewürznelken,
2 Zimtstangen, 1 EL unbehandelte, geraspelte Orangenschale,
200 g Puderzucker, Zuckerperlen

Mehl und Backpulver mischen, in eine Schüssel sieben und in die Mitte eine Vertiefung drücken. Zucker, Vanillezucker, Eier, Mandeln und Bittermandelöl hineingeben. Etwas Mehl vom Rand dazugeben und einen dicken Brei herstellen. Die Butter in Stückchen schneiden und obenauf legen, mit Mehl bestäuben. Alle Zutaten von der Mitte her mit den Händen zu einem glatten Teig verkneten. 30 Minuten kalt stellen. Ein Backblech mit Backpapier auslegen. Den Teig auf bemehlter Arbeitsfläche dünn ausrollen. Runde Plätzchen von 5 Zentimeter Durchmesser ausstechen, auf das Backpapier legen und im vorgeheizten Backofen bei 200 °C (Gas Stufe 3, Umluft 180 °C) etwa 10 Minuten backen. Herausnehmen und auskühlen lassen.
Die Nugatmasse über heißem Wasserbad schmelzen. Die Hälfte der Plätzchen auf der glatten Seite damit bestreichen, die restlichen Plätzchen auflegen und etwas andrücken. Für die Glasur den Rotwein in einen Topf füllen, mit den Gewürznelken, Zimtstangen und der Orangenschale zum Kochen bringen und auf 5 Esslöffel einkochen. Rotwein durch ein Sieb abgießen.

Puderzucker sieben, mit dem Wein verrühren, sodass eine dickliche Masse entsteht, und die Plätzchen damit überziehen. Mit Zuckerperlen verzieren.

Schwalbennester

Für den Teig:
250 g Mehl, 30 g Kakao, 1 TL Backpulver,
100 g Zucker, 1 Päckchen Vanillezucker,
2 Eigelb, 125 g kalte Butter

Für die Makronenmasse:
2 Eiweiß, 80 g Zucker, 80 g gemahlene Mandeln,
50 g gehackte Mandeln, Aprikosenkonfitüre

Mehl, Kakao und Backpulver mischen, in eine Schüssel sieben und in die Mitte eine Vertiefung drücken. Zucker, Vanillezucker und Eigelbe hineingeben. Etwas Mehl vom Rand zufügen und einen dicken Brei bereiten. Die Butter in Stückchen obenauf legen. Etwas Mehl vom Rand darüberstreuen. Die Zutaten von der Mitte her zu einem glatten Teig verkneten. 30 Minuten kalt stellen. Für die Makronenmasse das Eiweiß steif schlagen. Nach und nach den Zucker zufügen. Danach die Mandeln unterheben. Den Teig auf bemehlter Arbeitsfläche dünn ausrollen. Plätzchen von 5 Zentimeter Durchmesser ausstechen und mit der Makronenmasse bestreichen. In die Mitte einen Klecks Aprikosenkonfitüre setzen. Ein Backblech mit Backpapier auslegen, die Plätzchen darauf anordnen. Im vorgeheizten Backofen bei 180 °C (Gas Stufe 2, Umluft 160 °C) etwa 12 Minuten backen.

Haselnussherzen

250 g Halbbitterkuvertüre, 125 g kandierter
Ingwer, 125 g weiche Butter, 180 g Zucker,
4 Eier, 200 g gemahlene Haselnüsse, 2 EL Rosinen,
50 g fein geschnittenes Orangeat, 200 g Mehl,
30 g Speisestärke, 125 g Ingwerkonfitüre, 150 g weiße
Kuvertüre, kandierte Ingwerstücke zum Verzieren

Die Kuvertüre zerkleinern, den Ingwer fein schneiden. In einer
Schüssel die Butter mit dem Zucker schaumig rühren. Die Eier
einrühren. Kuvertüre, Ingwer, Nüsse, Rosinen und Orangeat
unterheben. Mehl und Speisestärke mischen, darübersieben und
untermengen. Ein Backblech mit Backpapier auslegen, den Teig

daraufgeben und glatt streichen. Im vorgeheizten Backofen bei 180 °C (Gas Stufe 2, Umluft 160 °C) etwa 20 Minuten backen. Herausnehmen und aus dem noch warmen Teig Herzen ausstechen. Die Hälfte der Herzen mit Ingwerkonfitüre bestreichen, die restlichen aufsetzen. Die weiße Kuvertüre zerkleinern, über heißem Wasserbad schmelzen und die Herzen damit überziehen. Mit kandierten Ingwerstückchen verzieren.

Gefüllte Mohnplätzchen

150 g weiche Butter, 125 g weiches Schweineschmalz, 200 g Zucker, 1 Päckchen Vanillezucker, 350 g Mehl, 30 g Speisestärke, 1/2 Päckchen Backpulver, 125 g gemahlener Mohn, 1/2 TL unbehandelte, abgeriebene Zitronenschale, 50 g fein geschnittenes Zitronat, 500 g Hagebuttenkonfitüre, Puderzucker zum Bestäuben

Butter, Schweineschmalz, Zucker und Vanillezucker schaumig rühren. Mehl, Speisestärke und Backpulver mischen, sieben, mit dem Mohn, der Zitronenschale und dem Zitronat unterrühren und einen geschmeidigen Teig herstellen. 2 Stunden kalt stellen. Den Teig auf bemehlter Arbeitsfläche dünn ausrollen und Kreise von 3 Zentimeter Durchmesser ausstechen. Ein Backblech mit Backpapier auslegen, die Plätzchen darauf anordnen. Im vorgeheizten Backofen bei 160 °C (Gas Stufe 1, Umluft 140 °C) etwa 10 Minuten backen. Die Hälfte der Plätzchen auf der glatten Seite mit der Hagebuttenkonfitüre bestreichen, die restlichen Plätzchen dagegensetzen und leicht andrücken. Die Plätzchen mit Puderzucker bestäuben.

Gefüllte Nussplätzchen

Für den Teig:

400 g Mehl, 1 Ei, 1 Prise Salz, 150 g Zucker, 1 Päckchen Vanillezucker, 2 EL Kakao, 1 EL Instant-Kaffeepulver, 2 EL Rum, 50 g gemahlene Mandeln, 2 Tropfen Bitter- mandelöl, 200 g kalte Butter

Für Füllung und Verzierung:

100 g Marzipan-Rohmasse, 100 g Zucker, je 50 g fein geschnittenes Zitronat und Orangeat, 200 g gehackte Haselnusskerne, 1 Ei, 1/2 TL unbehandelte, abgeriebene Zitronenschale, 1 Eiweiß, 150 g Zartbitterkuvertüre, 1 TL Öl

Das Mehl in eine Schüssel sieben und in die Mitte eine Vertiefung drücken. Ei, Salz, Zucker, Vanillezucker, Kakao, Kaffeepulver, Rum, Mandeln und Bittermandelöl hineingeben. Etwas Mehl vom Rand zufügen und einen dicken Brei bereiten. Die Butter in Stückchen schneiden und obenauf legen. Etwas Mehl darübergeben. Die Zutaten von der Mitte her mit den Händen zu einem glatten Teig verkneten. Eine Kugel formen und 1 Stunde kalt stellen. Für die Füllung das Marzipan zerkleinern, mit Zucker, Zitronat, Orangeat, Nüssen, Ei und Zitronenschale mischen. Den Teig auf bemehlter Arbeitsfläche zu einem Recht- eck ausrollen. Die Nussmasse aufstreichen. Den Teig von den Längsseiten her bis zur Mitte aufrollen. Die Nahtstellen mit Eiweiß bepinseln. Den Teigstrang etwas zusammendrücken, danach in fingerdicke Scheiben schneiden. Ein Backblech mit Backpapier auslegen und die Teigstücke auflegen. Im vorgeheizten Backofen bei 200 °C (Gas Stufe 3, Umluft 180 °C) etwa

15 Minuten backen. Herausnehmen und auskühlen lassen.
Die Zartbitterkuvertüre zerkleinern, mit dem Öl über heißem
Wasserbad schmelzen und die Plätzchen damit verzieren.

Marmeladenplätzchen

Für den Teig:
500 g Mehl, 1 Päckchen Backpulver,
1 TL gemahlener Ingwer, 250 g Zucker, 150 g Sirup,
2 Eier, 150 ml Sonnenblumenöl, 200 g Ingwerkonfitüre

Für Füllung und Glasur:
200 g Ingwerkonfitüre, 200 g Puderzucker, 1 EL Zitronensaft,
kandierter Ingwer zum Verzieren

Mehl und Backpulver mischen, in eine Schüssel sieben und
in die Mitte eine Vertiefung drücken. Ingwer, Zucker, Sirup,
Eier, Öl, 1/4 Liter warmes Wasser und die Konfitüre
hineingeben, Mehl vom Rand darüberstreuen. Die Zutaten
von der Mitte her mit den Händen zu einem glatten Teig
verkneten. Ein Backblech mit Backpapier auslegen und den
Teig darauf ausrollen. Im vorgeheizten Backofen bei 180 °C
(Gas Stufe 2, Umluft 160 °C) etwa 25 Minuten backen. Blech
herausnehmen, stürzen, Backpapier abziehen und Kuchenplatte
auskühlen lassen. Aus der Kuchenplatte 4 Zentimeter große
Würfel schneiden. Die Würfel waagerecht durchschneiden
und mit Ingwerkonfitüre füllen. Puderzucker und Zitronensaft
verrühren, die gefüllten Würfel damit glasieren und mit
kandierten Ingwerstückchen verzieren.

Maronenstäbchen

Für den Teig:

125 g weiche Butter, 125 g Puderzucker, 2 Eier, 1 TL unbehandelte, abgeriebene Zitronenschale, 60 g gemahlene Haselnüsse, 200 g Mehl, 150 g Zartbitterkuvertüre

Für die Füllung:

125 g weiche Butter, 60 g Puderzucker, 1 Eigelb, 125 g Maronenpüree (ungezuckert), 1 EL Rum

Butter und Zucker schaumig rühren. Eier und Zitronenschale unterrühren, nach und nach die Haselnüsse und das Mehl einrühren. Teig 30 Minuten kalt stellen. Ein Backblech einfetten. Den Teig in einen Spritzbeutel mit Sterntülle füllen. Stäbchen von etwa 5 Zentimeter Länge auf das Backblech spritzen. 30 Minuten kalt stellen. Im vorgeheizten Backofen bei 200 °C (Gas Stufe 3, Umluft 180 °C) etwa 10 Minuten backen. Plätzchen herausnehmen, auf dem Backblech auskühlen lassen und dann auf ein Kuchengitter setzen. Die Kuvertüre über heißem Wasserbad zum Schmelzen bringen und die Stäbchen damit verzieren. Für die Füllung Butter, Puderzucker und Eigelb schaumig rühren. Nach und nach das Maronenpüree zugeben und den Rum unterrühren. 30 Minuten kalt stellen. Die Hälfte der Stäbchen auf der glatten Seite damit bestreichen. Die restlichen Stäbchen dagegensetzen.

Tipp

Anstelle der Kuvertüre können Sie auch einen Puderzuckerguss verwenden. Verrühren Sie 200 Gramm gesiebten Puderzucker mit 1–2 Esslöffel Zitronensaft oder Orangensaft, Rum oder Weinbrand.

Ingwerplätzchen

Für den Teig:
80 g weiche Butter, 75 g Zucker, 1/2 Päckchen Vanillezucker,
2 Eier, 100 g Mehl, 20 g Speisestärke, 1/2 TL Backpulver,
50 g kandierter, fein gehackter Ingwer, 1 Prise Zimt

Für Füllung und Verzierung:
100 g weiße Kuvertüre, 100 g Johannisbeergelee,
125 g Zartbitterkuvertüre, kandierte Früchte, Walnusskerne

Butter, Zucker und Vanillezucker schaumig rühren. Die Eier
unterrühren. Mehl, Speisestärke und Backpulver mischen, auf die
Buttermasse sieben und mit dem Ingwer und dem Zimt unterrühren.
Ein Backblech mit Backpapier auslegen. Mit 2 Teelöffeln kleine
Teighäufchen daraufsetzen und etwas flach drücken. Im vorgeheizten
Backofen bei 180 °C (Gas Stufe 2, Umluft 160 °C) etwa 10 Minuten
backen. Herausnehmen und auskühlen lassen. Weiße Kuvertüre
zerkleinern, über heißem Wasserbad schmelzen, die Hälfte der Plätzchen
auf der glatten Seite damit bestreichen. Die restlichen Plätzchen auf der
glatten Seite mit Johannisbeergelee bestreichen. Mit der Geleeseite auf
die weiße Kuvertüre setzen. Zartbitterkuvertüre zerkleinern, über heißem
Wasserbad schmelzen und die Plätzchen damit überziehen. Mit
kandierten Früchten und Nüssen verzieren.

Tipp

Nüsse geben dem Teig ein köstliches Aroma. Kaufen Sie Nüsse
möglichst mit Schale und knacken Sie sie erst kurz vor der
Verwendung. So bleiben die Inhaltsstoffe bestmöglich geschützt.

Marzipanplätzchen

Für den Teig:
100 g Marzipan-Rohmasse, 150 g weiche Butter,
125 g Puderzucker, 1 Päckchen Vanillezucker, 2 Eigelb,
2 EL Rum, 2 EL Milch, 300 g Mehl

Für Füllung und Glasur:
150 g Zartbitterschokolade, 1 EL Butter,
1 EL Puderzucker, 1 EL Rum, 100 g Mascarpone,
300 g Zartbitterkuvertüre, Zuckerperlen

Marzipan-Rohmasse zerkleinern und mit der Butter
verrühren. Puderzucker, Vanillezucker, Eigelbe, Rum und
Milch unterrühren. Das Mehl sieben und zugeben. Alles zu
einem glatten Teig verkneten und 2 Stunden kalt stellen. Ein
Backblech mit Backpapier auslegen. Den Teig auf bemehlter
Arbeitsfläche ausrollen. Herzen, Sterne, Kreise und Monde
ausstechen und auf dem Backblech anordnen. Im vorgeheizten
Backofen bei 180 °C (Gas Stufe 2, Umluft 160 °C) etwa
10 Minuten backen. Herausnehmen und auskühlen lassen.
Für die Füllung die Schokolade zerkleinern, über heißem
Wasserbad schmelzen und mit der Butter, dem Puderzucker und
dem Rum verrühren. Mascarpone durchrühren, die
Schokoladenmischung nach und nach einrühren und die Masse
in einen Spritzbeutel füllen. Die Hälfte der Plätzchen auf der
glatten Seite mit der Füllung bespritzen. Die restlichen
Plätzchen jeweils dagegensetzen. Kuvertüre zerkleinern, über
heißem Wasserbad schmelzen und die Plätzchen damit
überziehen. Mit Zuckerperlen verzieren.

Schokostangen

Für den Teig:
125 g Butter, 50 g Zucker, 50 g Akazien-
blütenhonig, 100 g Mehl, 1/2 TL gemahlener
Ingwer, 3 EL Weinbrand

Für Füllung und Glasur:
100 g Blockschokolade, 1/4 l Sahne, 1 EL Rum,
100 g Zartbitterkuvertüre

Die Butter in einem Topf zerlassen, Zucker und Honig einrühren.
So lange rühren, bis sich der Zucker aufgelöst hat. Vom Herd
nehmen und auskühlen lassen. Das Mehl sieben und portionsweise
mit dem Ingwer und dem Weinbrand einrühren. Ein Backblech mit
Backpapier auslegen. Mit zwei Teelöffeln Teighäufchen aufsetzen.
Im vorgeheizten Backofen bei 200 °C (Gas Stufe 3, Umluft
180 °C) etwa 10 Minuten backen. Die entstandenen Teigkreise
noch warm um den Griff eines eingefetteten Kochlöffels wickeln,
dann die Röllchen abstreifen und auf ein Kuchengitter zum
Auskühlen legen. Kurz vor dem Servieren füllen.
Für die Füllung die Schokolade zerkleinern. Die Hälfte der Sahne
in einen Topf geben, kurz aufkochen lassen, dann die Schokolade
einrühren. Vom Herd nehmen und so lange rühren, bis sich die
Schokolade aufgelöst hat. Den Rum einrühren und auskühlen
lassen. Kurz mit dem Schneebesen durchrühren, die restliche Sahne
steif schlagen und unterheben. In einen Spritzbeutel mit kleiner
Tülle geben und die Stangen damit füllen. Kalt stellen.
Die Kuvertüre zerkleinern, über heißem Wasserbad schmelzen.
Die Stangenenden damit glasieren.

Schokoladenplätzchen

Für den Teig:
125 g weiche Butter, 80 g Puderzucker, 1/2 Päckchen
Vanillezucker, 3 Eigelb, 110 g Mehl, 40 g Kakao,
1 EL gehackte Mandeln

Für Füllung und Verzierung:
200 g Pflaumenmus, 1–2 EL Rum,
100 g dunkle Kuvertüre

Butter, Puderzucker und Vanillezucker schaumig rühren. Die
Eigelbe unterrühren. Mehl und Kakao mischen, auf die
Buttermasse sieben und mit den Mandeln unterheben. Ein

Backblech mit Backpapier auslegen. Den Teig in einen Spritzbeutel mit großer Lochtülle füllen. 5 Zentimeter lange Streifen auf das Backpapier spritzen. Im vorgeheizten Backofen bei 200 °C (Gas Stufe 3, Umluft 180 °C) etwa 10 Minuten backen. Herausnehmen, vom Backpapier lösen und auskühlen lassen. Für die Füllung das Pflaumenmus mit dem Rum verrühren. Die Hälfte der Plätzchen damit bestreichen. Die Kuvertüre über heißem Wasserbad zum Schmelzen bringen, die restlichen Plätzchen damit zur Hälfte überziehen. Sobald die Glasur fest geworden ist, auf die mit Mus bestrichenen Plätzchen setzen.

Mohnplätzchen

250 g Puderzucker, 4 Eiweiß, 1 Prise Zimt,
2 TL Zitronensaft, 200 g gemahlene Mandeln,
125 g gemahlener Mohn, 200 g Kirschkonfitüre, kandierte Kirschen

Den Puderzucker sieben. Das Eiweiß mit Zimt und Zitronensaft steif schlagen. Den Puderzucker einrieseln lassen und weiterschlagen, bis die Masse sehr steif ist. Mandeln und Mohn unterheben. Die Masse in einen Spritzbeutel mit Lochtülle füllen. Ein Backblech mit Backpapier auslegen, kleine Kreise von 4 bis 5 Zentimeter Durchmesser aufspritzen und im vorgeheizten Backofen bei 150 °C (Gas Stufe 1, Umluft 130 °C) etwa 12 Minuten backen. Die Konfitüre durch ein Sieb streichen, die Unterseite der Plätzchen damit bestreichen, jeweils zwei Plätzchen zusammensetzen. Auf die Oberseite einen kleinen Klecks Konfitüre geben und eine kandierte Kirsche aufsetzen.

Mokkazungen

Für den Teig:
200 g Mehl, 30 g Speisestärke, 1 EL Instant-Espressopulver, 1 EL Kakao, 80 g Puderzucker, 2 Eigelb,
125 g geriebene Zartbitterschokolade

Für Füllung und Verzierung:
300 g Zartbitterkuvertüre, 80 ml Sahne,
1 TL Instant-Espressopulver, 2 EL Kaffeelikör

Mehl und Speisestärke in eine Schüssel sieben, Instant-
Kaffeepulver und Kakao untermischen. Puderzucker aufsieben
und ebenfalls untermischen. In die Mitte eine Vertiefung
drücken, die Eigelbe hineingeben und etwas von der Mehlmischung unterrühren. Die Butter in Stückchen obenauf geben.
Von der Mitte her alle Zutaten rasch zu einem glatten Teig
verkneten. Die Schokolade untermengen. Den Teig zu einer
Rolle von 4 Zentimeter Durchmesser formen, 1 Zentimeter
dicke Scheiben abschneiden und flach drücken, sodass Zungen
entstehen. Ein Backblech mit Backpapier auslegen und die
Zungen auflegen. Im vorgeheizten Backofen bei 200 °C
(Gas Stufe 3, Umluft 180 °C) etwa 12 Minuten backen.
Für die Füllung 200 Gramm Zartbitterkuvertüre zerkleinern.
Sahne und Espressopulver zum Kochen bringen, den Likör
einrühren, vom Herd nehmen, die Kuvertüre zufügen und alles
glatt rühren. Kalt stellen. Die Zungen mit der Kaffeecreme
füllen. Restliche Kuvertüre zerkleinern, über heißem
Wasserbad schmelzen und die Mokkazungen damit verzieren.
Nach Belieben mit Espressopulver bestäuben.

Nussplätzchen

Für den Teig:
80 g weiche Butter, 50 g Puderzucker,
1 Prise Salz, je 1 Prise gemahlener Ingwer
und Zimt, 1/2 TL unbehandelte, abgeriebene
Zitronenschale, 1 Ei, 150 g Mehl,
1 EL gehackter, kandierter Ingwer, 1 Eiweiß

Für Füllung und Verzierung:
200 g ungesalzene, halbierte Macadamianusskerne,
1 Eiweiß, 100 g Ingwerkonfitüre, 125 g Zartbitterkuvertüre,
Macadamianusskerne und kandierter Ingwer

Butter, Puderzucker, Salz, Ingwer, Zimt und Zitronenschale schaumig rühren. Das Ei unterrühren. Das Mehl aufsieben und mit dem kandierten Ingwer unterrühren. Den Teig 2 Stunden kalt stellen. Für die Füllung die Macadamianusskerne in einer Pfanne ohne Fett rösten. Den Teig auf bemehlter Arbeitsfläche ausrollen, Quadrate von 4 mal 4 Zentimeter ausrädeln und mit dem Eiweiß bestreichen. Die Hälfte der Quadrate mit Nüssen bedecken, die restlichen Quadrate daraufsetzen. Ein Backblech mit Backpapier auslegen, die Plätzchen daraufgeben und im vorgeheizten Backofen bei 180 °C (Gas Stufe 2, Umluft 160 °C) etwa 12 Minuten backen. Herausnehmen, vom Backpapier lösen und auskühlen lassen. Die Ingwerkonfitüre durch ein Sieb streichen und die Plätzchen damit bestreichen. Die Zartbitter-kuvertüre zerkleinern, über heißem Wasserbad zum Schmelzen bringen, die Plätzchen damit überziehen und mit Macadamianusskernen und kandiertem Ingwer garnieren.

Gefüllte Dreiecke

Für den Teig:
250 g Mehl, 2 TL Backpulver,
1 Päckchen Vanillezucker, 250 g abgetropfter
Quark, 50 g fein geschnittenes Zitronat,
225 g kalte Butter

Für Füllung und Glasur:
125 g Pflaumenmus, 125 g Puderzucker,
1 EL Zitronensaft

Mehl und Backpulver mischen und in eine Schüssel sieben.
In die Mitte eine Vertiefung drücken. Vanillezucker, Quark
und Zitronat hineingeben. Die Butter in Stückchen obenauf
legen. Mehl vom Rand darüberstreuen. Die Zutaten von der
Mitte her mit den Händen zu einem glatten Teig verkneten.
Auf bemehlter Arbeitsfläche 5 Millimeter dick ausrollen,
mehrfach übereinanderschlagen und wieder ausrollen.
Diesen Vorgang noch zweimal wiederholen.
Den Teig über Nacht kalt stellen. Am nächsten Tag den
Teig auf bemehlter Arbeitsfläche erneut 5 Millimeter dick
ausrollen. Mit einem Kuchenrädchen Quadrate von 5 mal
5 Zentimeter ausrädeln. In die Mitte jedes Quadrats einen
Klecks Pflaumenmus geben. Dann die Quadrate zu Dreiecken
zusammenklappen. Ein Backblech mit kaltem Wasser abspülen,
die Dreiecke darauf anordnen. Im vorgeheizten Backofen bei
200 °C (Gas Stufe 3, Umluft 180 °C) etwa 12 Minuten backen.
Puderzucker und Zitronensaft verrühren und die noch warmen
Dreiecke damit bestreichen und auf ein Kuchengitter setzen.

Orangen-Zimt-Plätzchen

Für den Teig:
100 g weiche Butter, 100 g Zucker,
1 Päckchen Vanillezucker, 1 TL Zimt,
1/2 TL gemahlene Nelken, 1 Prise Salz, 2 Eier,
200 g Mehl, 50 g Speisestärke, 1 TL Backpulver,
100 g gemahlene Haselnüsse

Für Füllung und Verzierung:
200 g Orangenkonfitüre, 150 g Halbbitterkuvertüre,
unbehandelte, fein geschnittene Orangenschale,
50 g fein geschnittenes Orangeat

Butter und Zucker schaumig rühren. Vanillezucker, Zimt,
Nelken, Salz und die Eier unterrühren. Mehl, Speisestärke
und Backpulver mischen und mit den Haselnüssen untermengen.
Eine Kugel formen, in Alufolie wickeln und 30 Minuten kalt
stellen. Ein Backblech mit Backpapier auslegen. Den Teig
auf bemehlter Arbeitsfläche ausrollen, Quadrate von 5 mal
5 Zentimeter Größe (oder Rhomben, Rechtecke oder Stäbchen)
ausschneiden und auf dem Backpapier anordnen. Teigstücke
im vorgeheizten Backofen bei 200 °C (Gas Stufe 3, Umluft
180 °C) etwa 10 Minuten backen. Herausnehmen, vom
Backpapier lösen und auskühlen lassen.
Die Hälfte der Zimtplätzchen mit Orangenkonfitüre
bestreichen. Die restlichen Zimtplätzchen aufsetzen.
Die Halbbitterkuvertüre über heißem Wasserbad schmelzen,
die Zimtplätzchen damit überziehen und mit etwas Orangenschale und Orangeat verzieren.

Maronenplätzchen

Für den Teig:
4 Eier, 200 g Maronen (Konserve),
2 EL Weinbrand, 2 EL gemahlene Walnusskerne,
100 g weiche Butter, 70 g Zucker, 1 Prise Salz,
1/2 TL unbehandelte, abgeriebene Zitronenschale, 100 g Mehl, 30 g Speisestärke,
2 TL Backpulver, 1/2 TL Zimt

Für Füllung und Verzierung:
100 g Nugatmasse, 100 g Orangenkonfitüre,
150 g Zartbitterkuvertüre, Walnusshälften

Die Eier trennen. Die Maronen zerdrücken und mit dem Weinbrand zu einem Brei verrühren. Butter, Zucker und Salz cremig rühren, Eigelbe und Zitronenschale unterrühren. Mehl, Speisestärke und Backpulver mischen, auf die Eigelbmasse sieben und mit dem Zimt, dem Maronenbrei und den Walnüssen unterheben. Ein Backblech mit Backpapier auslegen, den Teig daraufgeben, glatt streichen und im vorgeheizten Backofen bei 180 °C (Gas Stufe 2, Umluft 160 °C) etwa 20 Minuten backen. Blech herausnehmen, stürzen, Backpapier lösen, die Kuchenplatte auskühlen lassen. Quadrate von 4 Zentimeter Kantenlänge schneiden. Für die Füllung Nugat über heißem Wasserbad schmelzen, die Hälfte der Quadrate mit der Nugatmasse, die andere Hälfte mit der Orangenkonfitüre bestreichen. Die Hälften zusammensetzen. Die Zartbitterkuvertüre zerkleinern, über heißem Wasserbad schmelzen, die Plätzchen damit überziehen und mit Walnusshälften verzieren.

Musröllchen

1 Ei, 250 g Mehl, 75 g Zucker, 1 Päckchen
Vanillezucker, Salz, 150 g kalte Butter,
4 EL Puderzucker, 300 g Marzipan-Rohmasse,
200 g Pflaumenmus, 150 g Zartbitterkuvertüre

Das Ei trennen. Das Mehl in eine Schüssel sieben und in die Mitte eine Vertiefung drücken, Zucker, Vanillezucker, Salz und Eigelb hineingeben, mit einem Teil des Mehls verkneten, die kalte Butter in Stückchen obenauf geben. Von der Mitte her alles zu einem glatten Teig verkneten. Den Teig zu einer Kugel formen und 1 Stunde kalt stellen. Die Arbeitsfläche mit Puderzucker bestreuen, das Marzipan darauf dünn ausrollen, in 5 Zentimeter breite Streifen von 20 Zentimeter Länge schneiden und dünn mit dem Eiweiß bestreichen. Das Pflaumenmus in einen Spritzbeutel mit Lochtülle füllen. Die Marzipanstreifen damit bespritzen. Die Streifen zu Rollen formen. Den kalt gestellten Teig auf bemehlter Fläche ausrollen, in 6 Zentimeter breite Streifen von 20 Zentimeter Länge schneiden, dünn mit Eiweiß bestreichen, die gefüllten Marzipanrollen auflegen und den Teig aufrollen. 30 Minuten kalt stellen, dann in 5–6 Zentimeter lange Röllchen schneiden. Den Teig an den Enden zusammendrücken, damit die Füllung nicht herauslaufen kann und die Röllchen wie Bonbons aussehen. Ein Backblech mit Backpapier auslegen, die Röllchen auflegen und im vorgeheizten Backofen bei 200 °C (Gas Stufe 3, Umluft 180 °C) etwa 15 Minuten backen. Herausnehmen und auskühlen lassen. Die Kuvertüre zerkleinern und über heißem Wasserbad schmelzen. Die Röllchen jeweils an den Enden in die Kuvertüre tauchen und auf ein Kuchengitter legen.

Baisers

6 Eiweiß, 200 g Zucker, 1 TL Zitronensaft, 150 g gemahlene Mandeln, 60 g Speisestärke, 1 Päckchen Vanillezucker, 150 g Erdbeerkonfitüre, 100 g Zartbitterkuvertüre

Eiweiß schaumig schlagen, etwas Zucker einrieseln lassen und dann mit dem restlichen Zucker und dem Zitronensaft steif schlagen. Mandeln, Speisestärke und Vanillezucker mischen und unter den Eischnee heben. Die Masse in einen Spritzbeutel mit Sterntülle füllen. Ein Backblech mit Backpapier auslegen. Von der Baisermasse Nester von 5 Zentimeter Durchmesser auf das Backblech spritzen. Im vorgeheizten Backofen bei 120 °C 1 Stunde backen. Im Ofen auskühlen lassen, dann vom Papier lösen. Die Hälfte der Baisers mit der Konfitüre bestreichen. Die restlichen Baisers aufsetzen. Zartbitterkuvertüre zerkleinern, über heißem Wasserbad schmelzen und die Baisers damit verzieren.

Kokosplätzchen

3 Eier, 230 g weiße Kuvertüre, 120 g weiche Butter, 100 g Zucker, 1 Prise Salz, 80 g Mehl, 250 g Kokosraspel, 1 EL Weinbrand, 125 g Orangenkonfitüre, Kokosraspel zum Bestreuen

Die Eier trennen. 80 Gramm weiße Kuvertüre zerkleinern. In einer Schüssel Butter, Zucker, Salz und Eigelbe schaumig rühren. Zerkleinerte Kuvertüre, Kokosraspel und Weinbrand unterrühren. Das Eiweiß steif schlagen und unterheben. Ein

Backblech mit Backpapier auslegen, den Teig daraufgeben und glatt streichen. Im vorgeheizten Backofen bei 180 °C (Gas Stufe 2, Umluft 160 °C) etwa 15 Minuten backen. Herausnehmen, das Backpapier von der Kuchenplatte abziehen und den Kuchen in 4 Zentimeter große Quadrate schneiden. Die Hälfte der Quadrate mit Orangenkonfitüre bestreichen, die restlichen Quadrate dagegensetzen. Die restliche Kuvertüre zerkleinern, über heißem Wasserbad schmelzen, die Plätzchen damit überziehen und mit Kokosraspeln verzieren.

Kokosstreifen

125 g weiche Butter, 90 g Zucker, 1 Päckchen Vanillezucker, 1 Ei, 1 Prise Salz, 250 g Mehl, 1/2 TL Backpulver, 400 g Aprikosenkonfitüre, 2 TL Aprikosenlikör, 250 g Kokosraspel, 150 g Zucker, 150 g Zartbitterkuvertüre

Die Butter mit Zucker und Vanillezucker schaumig rühren. Das Ei und das Salz unterrühren. Mehl und Backpulver mischen, aufsieben und unterkneten. Ein Backblech einfetten, den Teig auf bemehlter Arbeitsfläche ausrollen und auf das Backblech geben. Die Aprikosenkonfitüre durch ein Sieb streichen, mit dem Likör verrühren und auf den Teig streichen. Kokosraspel und Zucker mischen und auf die Konfitüre streuen. Im vorgeheizten Backofen bei 200 °C (Gas Stufe 3, Umluft 180 °C) etwa 15 Minuten backen. Herausnehmen, noch warm in Streifen von 3 mal 6 Zentimeter schneiden. Die Zartbitterkuvertüre über heißem Wasserbad schmelzen und die Streifen damit verzieren.

Gefüllte Ingwertaler

300 g Mehl, 100 g Zucker, 1 Päckchen
Vanillezucker, 1 Prise Salz, 1/2 TL unbehandelte,
abgeriebene Limettenschale, 4 EL Limettensaft,
100 g geraspelte Zartbitterschokolade, 1 Ei,
125 g kalte Butter, 250 g Puderzucker,
150 g kandierte Ingwerstäbchen

Das Mehl in eine Schüssel sieben, in die Mitte eine Vertiefung
drücken. Zucker, Vanillezucker, Salz, Limettenschale, 2 Esslöffel
Limettensaft, Schokolade und das Ei in die Vertiefung geben. Etwas
Mehl vom Rand zufügen und einen dicken Brei bereiten. Die Butter
in Stückchen obenauf legen. Die Zutaten von der Mitte her zu einem

glatten Teig verkneten und 1 Stunde kalt stellen. Den Teig auf bemehlter Arbeitsfläche dünn ausrollen. Kreise von 3 Zentimeter Durchmesser ausstechen. Ein Backblech mit Backpapier auslegen, die Kreise darauf anordnen. Im vorgeheizten Backofen bei 180 °C (Gas Stufe 2, Umluft 160 °C) etwa 10 Minuten backen. Auskühlen lassen. Den Puderzucker sieben und mit dem restlichen Limettensaft verrühren. Die Hälfte der Plätzchen auf der glatten Seite mit dem Puderzuckerguss bestreichen. Die andere Hälfte der Plätzchen mit der glatten Seite dagegensetzen und leicht andrücken. Die Plätzchen mit dem restlichen Puderzuckerguss überziehen. Ingwerstäbchen teilen. Jedes Plätzchen mit einem Stück Ingwer verzieren.

Beschwipste Taler

4 Eiweiß, 125 g Puderzucker, 1 Päckchen Vanillezucker, 180 g geröstete, gemahlene Haselnüsse, 50 g Mehl, 1 EL Kakao, 80 g weiche Butter, 100 g Zartbitterkuvertüre, 100 g Nugatmasse, 2 EL Rum, Puderzucker zum Bestäuben

Das Eiweiß steif schlagen. Puderzucker, Vanillezucker, Haselnüsse, Mehl und Kakao einrühren. Zuletzt die Butter untermengen. Ein Backblech mit Backpapier auslegen. Mit 2 Teelöffeln kleine Häufchen auf das Backblech setzen und etwas flach drücken. Im vorgeheizten Backofen bei 160 °C (Gas Stufe 1, Umluft 140 °C) etwa 15 Minuten backen. Kuvertüre und Nugat zerkleinern, über heißem Wasserbad schmelzen und mit dem Rum verrühren. Die Hälfte der Taler auf der glatten Seite mit der Rummischung bestreichen, die restlichen Taler dagegensetzen. Mit Puderzucker bestäuben.

Schmalzplätzchen

Für den Teig:
500 g Mehl, 3 EL Kakao, 250 g Schweineschmalz, 50 g Butter,
1 Ei, 250 g Zucker, 1 Päckchen Vanillezucker, 1 Prise Salz,
1 TL Hirschhornsalz, 2 EL Milch

Für Füllung und Verzierung:
200 g gemahlene Haselnusskerne, 1 Eiweiß, 100 ml Sahne,
3 EL Honig, 1 TL Zimt, 150 g Zartbitterkuvertüre

Das Mehl in eine Schüssel sieben und in die Mitte eine Vertiefung drücken. Kakao, Schmalz, Butter, Ei, Zucker, Vanillezucker und Salz in die Vertiefung geben. Das Hirschhornsalz in der Milch auflösen und dazugeben. Etwas Mehl vom Rand aufstreuen. Die Zutaten von der Mitte her zu einem glatten Teig verkneten. 2 Stunden kalt stellen. Auf bemehlter Arbeitsfläche zwei gleich große Teigplatten ausrollen. Ein Backblech mit Backpapier auslegen und eine Teigplatte auflegen. Für die Füllung Nüsse, Eiweiß, Sahne, Honig und Zimt mischen und auf die Teigplatte streichen. Die andere Teigplatte auflegen. Die Ränder festdrücken. Im vorgeheizten Backofen bei 180 °C (Gas Stufe 2, Umluft 160 °C) etwa 15 Minuten backen. Herausnehmen und auskühlen lassen. Rechtecke und Quadrate schneiden. Kuvertüre zerkleinern, über heißem Wasserbad schmelzen und die Plätzchen damit verzieren.

Tipp

Haselnüsse sind sehr ölhaltig und werden schnell ranzig. Deshalb sollten sie dunkel und kühl aufbewahrt werden. Das gilt besonders für gemahlene und gehackte Haselnüsse.

Dukaten

Für den Teig:
500 g Mehl, 2 TL Backpulver, 150 g Zucker,
1 Päckchen Vanillezucker, 1 TL unbehandelte,
abgeriebene Zitronenschale, 2 Eier, 2 EL Milch,
250 g kalte Butter

Für die Füllung:
200 g Halbbitterkuvertüre, 100 g Nugatmasse,
150 ml Sahne, 6 EL Fruchtlikör, 70 g weiche Butter

Mehl und Backpulver mischen und in eine Schüssel sieben.
In die Mitte eine Vertiefung drücken. Zucker, Vanillezucker,
Zitronenschale, Eier und Milch in die Vertiefung geben. Etwas
Mehl vom Rand zufügen und einen dicken Brei bereiten. Die
Butter in Stückchen obenauf legen. Etwas Mehl darüberstreuen.
Die Zutaten von der Mitte her zu einem glatten Teig verkneten.
30 Minuten kalt stellen Ein Backblech mit Backpapier auslegen.
Den Teig auf bemehlter Arbeitsfläche dünn ausrollen, Kreise von
4 Zentimeter Durchmesser ausstechen. Die Kreise auf das
Backblech legen. Im vorgeheizten Backofen bei 200 °C
(Gas Stufe 3, Umluft 180 °C) etwa 10 Minuten backen.
Auf einem Kuchengitter auskühlen lassen.
Für die Füllung Kuvertüre und Nugat zerkleinern. Sahne und
Likör zum Kochen bringen, vom Herd nehmen, Kuvertüre und
Nugat einrühren. Kalt stellen. Die Butter cremig rühren und die
Schokoladenmischung unterrühren. In einen Spritzbeutel mit
Lochtülle füllen. Die Hälfte der Dukaten damit bespritzen, die
restlichen Dukaten aufsetzen und mit Puderzucker bestäuben.

Nusskipferl

Für den Teig:
250 g Mehl, 100 g Zucker, 1 Ei,
1 Prise Salz, 150 g kalte Butter

Für Füllung und Verzierung:
Je 50 g gemahlene Haselnuss- und Walnusskerne, 1 TL unbehandelte, abgeriebene Zitronenschale,
2 EL Rum, 80 g Zucker, 100 ml Sahne,
150 g Zartbitterkuvertüre

Das Mehl in eine Schüssel sieben und in die Mitte eine
Vertiefung drücken. Zucker, Ei und Salz hineingeben. Etwas
Mehl vom Rand zufügen und einen dicken Brei bereiten. Die
Butter in Stückchen schneiden und obenauf legen. Etwas Mehl
aufstreuen. Die Zutaten von der Mitte her mit den Händen
zu einem glatten Teig verkneten. In Alufolie wickeln und
30 Minuten im Kühlschrank kalt stellen. Für die Füllung
inzwischen Nüsse, Zitronenschale, Rum und Zucker mischen.
Die Sahne erhitzen und über die Nussmischung gießen,
10 Minuten ruhen lassen. Den Teig auf bemehlter Arbeitsfläche
3 Millimeter dick ausrollen. 8 Zentimeter lange Dreiecke
ausrädeln, je 1 Teelöffel der Nussmasse in die Mitte geben. Die
Dreiecke von unten her aufrollen und zu Hörnchen formen. Ein
Backblech mit Backpapier auslegen, die Hörnchen darauf
anordnen. Im vorgeheizten Backofen bei 200 °C (Gas Stufe 3,
Umluft 180 °C) etwa 12 Minuten backen. Zartbitterkuvertüre zerkleinern, über heißem Wasserbad schmelzen
und die ausgekühlten Hörnchen damit bestreichen.

Gefüllte Rumplätzchen

Für den Teig:
250 g Marzipan-Rohmasse, 50 g weiche Butter,
125 g Zucker, 4 EL Kondensmilch, 3 Eiweiß,
100 g Mehl, 100 g Nugatmasse, 3 EL Rum

Für Glasur und Verzierung:
150 g Halbbitterkuvertüre, 50 g Nugatmasse,
2 Tropfen Rum, Walnusshälften, Pistazien,
kandierte Früchte

Das Marzipan zerkleinern und mit Butter, Zucker,
Kondensmilch und Eiweiß verrühren. Das Mehl untermischen.
Ein Backblech mit Backpapier auslegen. Von dem Teig mit
zwei Teelöffeln kleine Teighäufchen von 5 Zentimeter
Durchmesser nicht zu dicht nebeneinander auf das Backpapier
setzen. Die Häufchen glatt streichen. Im vorgeheizten
Backofen bei 200 °C (Gas Stufe 3, Umluft 180 °C) etwa
10 Minuten backen. Herausnehmen, die Plätzchen vom
Backpapier lösen und auskühlen lassen. Die Nugatmasse
über heißem Wasserbad geschmeidig rühren. Die Hälfte
der Plätzchen damit bestreichen, die restlichen daraufsetzen.
Auf ein Kuchengitter setzen und mit Rum beträufeln.
Für die Glasur die Kuvertüre zerkleinern, über heißem Wasserbad
zum Schmelzen bringen und die Plätzchen damit überziehen. Nugat
über heißem Wasserbad geschmeidig rühren, Rum unterrühren.
In eine kleine Pergamenttüte (siehe Seite 12) füllen, die Plätzchen
mit Linien verzieren. Mit Walnusshälften, Pistazien und
kandierten Früchten verzieren.

Gefüllte Schokoladentaler

Für den Teig:

8 Eiweiß, 125 g Zucker, 1 Prise Zimt, 125 gemahlene Haselnüsse,
60 g Mehl, 20 g Speisestärke, 2 EL Kakao

Für Füllung und Verzierung:

1/4 l Milch, 1/2 Päckchen Schokoladenpudding,
1 TL Speisestärke, 1 TL Zucker, 2 TL Instant - Kaffee,
100 g Nugatmasse, 125 g weiche Butter,
100 g Zartbitterkuvertüre, 50 g weiße Kuvertüre

Eiweiß steif schlagen. Den Zucker unter ständigem Rühren
einrieseln lassen, Zimt und Haselnüsse unterheben. Mehl,
Speisestärke und Kakao mischen, auf die Masse sieben und
ebenfalls unterheben. Ein Backblech mit Backpapier auslegen.
Teigkreise im Durchmesser von 5 Zentimeter aufstreichen. Im
vorgeheizten Backofen bei 160 °C (Gas Stufe 1–2, Umluft 130 °C)
etwa 20 Minuten backen. Herausnehmen, die Teigkreise vom
Papier lösen und auf einem Kuchengitter auskühlen lassen.
Für die Füllung Milch, Puddingpulver, Speisestärke und Zucker in
einen Topf geben und glatt rühren. Die Mischung unter Rühren zum
Kochen bringen, kurz aufwallen lassen, vom Herd nehmen und
Instant - Kaffee sowie zerkleinerten Nugat unterrühren. Die Masse
auf Zimmertemperatur auskühlen lassen, dabei mehrmals umrühren,
damit sich keine Haut bildet. Die Butter schaumig rühren, die
Puddingmasse esslöffelweise einrühren. Die Buttercreme in einen
Spritzbeutel mit gezackter Tülle füllen und auf die Hälfte der Taler
spritzen. Die restlichen Taler aufsetzen. Die Zartbitterkuvertüre
zerkleinern und über heißem Wasserbad schmelzen. Abkühlen lassen,

dann erneut im Wasserbad erwärmen. Die Taler damit überziehen und kalt stellen. Die weiße Kuvertüre auf die gleiche Art vorbereiten, in eine Spritztüte aus Pergament (Anleitung Seite 12) füllen und zierliche Muster auf die Taler spritzen.

Anisplätzchen

Für den Teig:
10 g Anissaat, 2 Eier, 2 EL Milch, 200 g Zucker, 1 Päckchen Vanillezucker, 1 Prise Salz, 350 g Mehl, 50 g gemahlene Mandeln

Für Füllung und Glasur:
200 g Orangenmarmelade, 100 g gehackte Mandeln, 150 g Puderzucker, 1 EL Orangensaft

Die Anissaat zerstoßen. Eier, Milch, Zucker, Vanillezucker, Salz und Anis cremig rühren. Das Mehl sieben. Nach und nach mit den Mandeln in die Eimasse einrühren und einen glatten Teig herstellen. Den Teig auf bemehlter Arbeitsfläche dünn ausrollen. Kreise von 3 Zentimeter Durchmesser ausstechen. Ein Backblech mit Backpapier auslegen, die Kreise darauf anordnen und über Nacht trocknen lassen. Im vorgeheizten Backofen bei 140 °C (Gas Stufe 1, Umluft 120 °C) etwa 20 Minuten backen. Auskühlen lassen. Die Hälfte der Plätzchen auf der glatten Seite mit der Orangenmarmelade bestreichen. Die restlichen Plätzchen dagegensetzen und leicht andrücken. Die Mandeln in einer Pfanne ohne Fett rösten. Puderzucker mit dem Orangensaft glatt rühren. Die Plätzchen damit glasieren und mit den gerösteten Mandeln bestreuen.

Schokoküsse

Für den Teig:
4 Eier, 125 g Zucker, 1 Päckchen Vanillezucker, 1 Prise Salz, 100 g Mehl, 30 g Speisestärke, 1/2 TL Backpulver

Für die Füllung:
400 g Zartbitterkuvertüre, 150 g Himbeerkonfitüre

Die Eier trennen. Die Eigelbe mit 2 Esslöffel warmem Wasser schaumig schlagen. Zucker und Vanillezucker unterrühren. Das Eiweiß mit dem Salz steif schlagen und unterziehen. Mehl, Speisestärke und Backpulver mischen, auf die Eiermasse sieben und unterheben. Nicht rühren. Den Teig in einen Spritzbeutel mit großer Lochtülle einfüllen. Ein Backblech mit Backpapier auslegen und mehrere Teighäufchen kuppelförmig im Durchmesser von 5 Zentimeter aufspritzen. Im vorgeheizten Backofen bei 200 °C (Gas Stufe 3, Umluft 180 °C) etwa 12 Minuten backen. Herausnehmen, auskühlen lassen und die Plätzchen waagerecht halbieren. Für die Füllung die Kuvertüre zerkleinern und über heißem Wasserbad schmelzen. Die Plätzchenhälften damit überziehen und auf einem Kuchengitter trocknen lassen. Die Konfitüre durch ein Sieb streichen und die Schnittflächen der Plätzchen damit bestreichen. Die Hälften zusammensetzen.

Tipp

Anstelle der Himbeerkonfitüre können Sie auch Orangen - oder Erdbeerkonfitüre verwenden. Noch feiner schmeckt die Konfitüre, wenn Sie 1–2 Esslöffel Obstgeist zufügen. Zaubern Sie auch weiße Schokoküsse, indem Sie weiße Kuvertüre verwenden.

Schokowürfel

Für den Teig:
3 Eier, 80 g Zucker, 1 Päckchen Vanillezucker,
1 Prise Salz, 50 g Mehl, 30 g Speisestärke,
1 EL Kakao, 1 EL gehackte Mandeln

Für Füllung und Verzierung:
150 g weiße Kuvertüre, 5 EL Obstgeist,
4 EL Kokosraspel, 2 EL Sahne,
150 g Zartbitterkuvertüre, Zuckerperlen

Die Eier trennen. In einer Schüssel die Eigelbe mit Zucker, Vanillezucker und 5 Esslöffel heißem Wasser cremig schlagen. Eiweiß mit dem Salz steif schlagen und unter die Eigelbmasse ziehen. Mehl, Speisestärke und Kakao darübersieben und mit den Mandeln unterheben. Ein Backblech mit Backpapier auslegen, den Teig daraufgeben und glatt streichen. Im vorgeheizten Backofen bei 200 °C (Gas Stufe 3, Umluft 180 °C) etwa 12 Minuten backen. Herausnehmen und auskühlen lassen. Den Biskuit stürzen, das Backpapier lösen und den Kuchen in 4 Zentimeter große Quadrate schneiden.
Für die Füllung die weiße Kuvertüre zerkleinern und über heißem Wasserbad schmelzen. Den Obstgeist, die Kokosraspel und die Sahne einrühren. Die Hälfte der Schokowürfel mit der Masse bestreichen. Die restlichen Schokowürfel aufsetzen und leicht andrücken. Die Zartbitterkuvertüre zerkleinern, ebenfalls über heißem Wasserbad schmelzen, die Schokowürfel damit überziehen und mit Zuckerperlen oder fein geschnittenen kandierten Früchten verzieren.

Die Würzigen

Bei diesen Plätzchen treffen sich viele Gewürze: Zimt und Koriander, Anis und Nelken, Muskat und Ingwer. Begleitet werden sie von Honig, Marzipan und Nüssen. Besonders hübsch sehen die würzigen Plätzchen aus, wenn sie kunter-bunt verziert werden – mit Zuckerperlen und Zuckerguss.

Honigsterne

Für den Teig:
150 g flüssiger Honig, 300 g Zucker, 400 g Mehl,
1/2 TL Zimt, 1/2 TL Nelkenpulver, 1 TL Piment,
150 g gemahlene Mandeln, 3 Eier

Für Füllung und Verzierung:
200 g Orangenkonfitüre, 50 g fein geschnittenes Orangeat,
300 g Zartbitterkuvertüre, Zuckerperlen

Honig und Zucker verrühren, leicht erwärmen und auskühlen lassen. Das Mehl sieben und mit den Gewürzen, den Mandeln und den Eiern zur Honigmasse geben. Alles zu einem glatten Teig verkneten. Eine Kugel formen und über Nacht kalt stellen. Ein Backblech mit Backpapier auslegen. Den Teig auf bemehlter Arbeitsfläche dünn ausrollen. Sterne ausstechen, auf das Backblech setzen und dünn mit Wasser bepinseln. Im vorgeheizten Backofen bei 180 °C (Gas Stufe 2, Umluft 160 °C) etwa 12 Minuten backen. Orangenkonfitüre und Orangeat verrühren. Die Hälfte der Sterne auf der flachen Seite mit der Konfitüre bestreichen. Die restlichen Sterne auflegen und etwas andrücken. Die Kuvertüre zerkleinern und über heißem Wasserbad schmelzen. Die Sterne hineintauchen und mit Zuckerperlen verzieren.

Tipp

Anstelle der Zuckerperlen können Sie die Sterne auch mit feinen Linien versehen. Dafür 100 Gramm Puderzucker mit 1–2 Teelöffel Limettensaft verrühren. Nüsse und kandierte Früchte sind ebenfalls ein schöner Schmuck.

Pulsnitzer Pfefferkuchen

250 g Honig, 250 g Zucker, 50 g Butter, 3 EL Kakao,
600 g Mehl, 1 Msp. Zimt, 4 g gemahlener Kardamom,
1/2 TL unbehandelte, abgeriebene Zitronenschale,
125 g gehackte Mandeln, 2 EL fein geschnittenes Zitronat,
1 Ei, 10 g Hirschhornsalz, 5 g Pottasche, 1 EL Rum,
200 g Puderzucker, 2 EL Zitronensaft,
Zuckerperlen zum Verzieren

Honig, Zucker und Butter erhitzen, verrühren und auskühlen lassen.
Kakao und Mehl mischen, sieben und mit Zimt, Kardamom,
Zitronenschale, Mandeln, Zitronat und dem Ei zur Honigmasse
geben. Hirschhornsalz mit wenig Wasser, die Pottasche mit dem
Rum verrühren und ebenfalls zufügen. Alles zu einem glatten Teig
verkneten. Mit einem Tuch bedecken und über Nacht an einem kalten
Platz ruhen lassen. 5 Millimeter dick auf bemehlter Arbeitsfläche
ausrollen und Sterne, Herzen, Kreise, Weiblein und Männlein
ausstechen. Ein Backblech einfetten und die Plätzchen auflegen.
Im vorgeheizten Backofen bei 180 °C (Gas Stufe 2, Umluft 160 °C)
etwa 12 Minuten backen. Herausnehmen und auskühlen lassen.
Puderzucker sieben und mit dem Zitronensaft verrühren. Die
Pfefferkuchen damit glasieren und mit Zuckerperlen verzieren.

Tipp

Es macht Spaß, die Männlein und Weiblein »anzukleiden«. Geben
Sie dafür an die Glasur jeweils 1 Tropfen Lebensmittelfarbe Ihrer
Wahl. Schnell haben Sie ein rotes Kleid für das Weiblein gezaubert
und für das Männlein eine grüne Hose.

Russische Pfefferkuchensteine

500 g Honig, 60 g Schweineschmalz, je 1 TL gemahlene Nelken, Zimt, Muskat, Ingwer, 500 g Mehl, 15 g Natron, 3 Eier, 500 g Zucker, 200 g Puderzucker, 2 EL Zitronensaft

Honig, Schmalz und Gewürze leicht erwärmen. Das Mehl mit dem Natron in eine Schüssel sieben, in die Mitte eine Vertiefung drücken und die lauwarme Honigmischung hineingeben. Eier und Zucker zufügen, etwas Mehl vom Rand aufstreuen. Die Zutaten zu einem glatten Teig verkneten. Fingerdicke Rollen formen. Jede Rolle in kirschgroße Stücke schneiden, diese zu Kugeln formen. Ein Backblech einfetten und mit Mehl bestäuben. Die Kugeln auflegen. Im vorgeheizten Backofen bei 180 °C (Gas Stufe 2, Umluft 160 °C) etwa 10 Minuten backen. Puderzucker und Zitronensaft verrühren, die Pfefferkuchensteine damit überziehen.

Honigherzen

300 g Honig, 1 EL Natron, 300 g Mehl, je 50 g fein geschnittenes Zitronat und Orangeat, 50 g Rosinen, 1 TL unbehandelte, abgeriebene Zitronenschale, 50 g gehackte Haselnüsse, 50 g gemahlene Haselnüsse, 15 g Pfefferkuchengewürz, 1 Eigelb, 2 EL Sahne, Mandelblättchen, Pistazien, kandierte Früchte

Den Honig in einen Topf geben, 5 Esslöffel Wasser zufügen, alles aufkochen und danach auskühlen lassen. Natron in 1 Esslöffel Wasser auflösen und mit den restlichen Zutaten zum Honig geben und einen glatten Teig bereiten. Über Nacht bei Zimmertemperatur ruhen lassen. Den Teig durchkneten und auf bemehlter Arbeitsfläche 5 Millimeter dick ausrollen. Kleine und größere Herzen ausstechen. Ein Backblech mit Backpapier auslegen. Die Herzen darauf anordnen. Eigelb und Sahne verrühren, die Herzen damit bestreichen und mit Mandelblättchen, Pistazien oder kandierten Früchten verzieren. Im vorgeheizten Backofen bei 200 °C (Gas Stufe 3, Umluft 180 °C) etwa 12 Minuten backen.

Honigschnecken

350 g Honig, 250 g Zucker, 50 g Butter, 1 Ei,
750 g Mehl, 1 TL Lebkuchengewürz,
1 TL Hirschhornsalz, 1/2 TL Pottasche,
6 EL Milch, 300 g Pflaumenmus,
2 EL Rum, 100 g gemahlene Mandeln

Honig, Zucker und Butter mit 5 Esslöffel Wasser erwärmen. Vom Herd nehmen und auf Zimmertemperatur auskühlen lassen. Das Ei einrühren. Mehl sieben und mit dem Lebkuchengewürz dazugeben. Alles gut verkneten. Hirschhornsalz und Pottasche getrennt in der Milch auflösen und unterkneten. Den Teig über Nacht kalt stellen. Auf bemehlter Arbeitsfläche zu einem Rechteck ausrollen. Pflaumenmus, Rum und Mandeln verrühren, den Teig damit bestreichen. Die Teigplatte von der Längsseite her aufrollen. Ein Backblech mit Backpapier auslegen. Die Teigrollen in 1 Zentimeter dicke Scheiben schneiden und auf dem Backblech anordnen. Die Schnecken im vorgeheizten Backofen bei 180 °C (Gas Stufe 2, Umluft 160 °C) etwa 10 Minuten backen.

Honigwürfel mit Marmelade

Für den Teig:
500 g Mehl, 10 g Natron, 50 g weiche
Butter, 5 Eier, 200 g Zucker, 250 g flüssiger Honig,
je 1/2 TL gemahlene Nelken, Muskat, Zimt,
1 TL unbehandelte, abgeriebene Zitronenschale

Für die Füllung:
300 g Orangenkonfitüre, 1 EL unbehandelte,
abgeriebene Orangenschale, 200 g fein geschnittene
kandierte Früchte

Für Glasur und Verzierung:
200 g Puderzucker,
2 EL Orangensaft, Walnusshälften

Mehl und Natron mischen und sieben. Butter, Eier und Zucker schaumig rühren. Den Honig unterrühren, Gewürze, Zitronenschale und nach und nach die Mehlmischung zugeben und zu einem glatten Teig kneten. Ein Backblech einfetten. Den Teig teilen. Jede Teighälfte auf bemehlter Arbeitsfläche ausrollen. Eine Teigplatte auf das Backblech legen. Orangenkonfitüre, Orangenschale, kandierte Früchte und Rum mischen und auf die Teigplatte streichen. Die andere Teigplatte auflegen. Im vorgeheizten Backofen bei 200 °C (Gas Stufe 3, Umluft 180 °C) etwa 35 Minuten backen. Herausnehmen und auskühlen lassen. Kuchenplatte in 4 Zentimeter große Würfel schneiden. Puderzucker und Orangensaft verrühren, die Honigwürfel damit glasieren und mit Walnusshälften verzieren.

Werdauer Zuckermännlein

Für den Teig:
500 g Mehl, 1 Päckchen Backpulver,
250 g Zucker, 1 Päckchen Vanillezucker,
je 2 Msp. gemahlener Kardamom und gemahlene Nelken,
1 TL Zimt, 2 Eier, 1/8 l Milch, 200 g kalte Butter,
125 g gemahlene Mandeln

Für Glasur und Verzierung:
200 g Puderzucker, 2 EL Zitronensaft,
Gemüsesäfte zum Färben (Spinat, Möhren, Rote Bete),
Zuckerperlen, Hagelzucker

Mehl und Backpulver mischen und in eine Schüssel sieben.
In die Mitte eine Vertiefung drücken. Zucker, Vanillezucker,
Kardamom, Nelken, Zimt, Eier und Milch hineingeben und
mit der Hälfte des Mehls vermengen. Die kalte Butter in
Stücke schneiden. Zusammen mit den Mandeln zum Teig geben,
mit etwas Mehl bedecken und danach alle Zutaten von der
Mitte her mit den Händen zu einem glatten Teig verkneten.
Teig in Alufolie wickeln und im Kühlschrank etwa 1 Stunde
kalt stellen. Den Teig auf bemehlter Arbeitsfläche dünn
ausrollen, kleine Männlein ausstechen oder ausschneiden.
Ein Backblech einfetten. Die Männlein auflegen. Im vorgeheizten Backofen bei 180 °C (Gas Stufe 2, Umluft 160 °C)
etwa 12 Minuten backen. Auf einem Kuchengitter auskühlen
lassen. Mit farbiger Zuckerglasur (Puderzucker mit Zitronensaft und Gemüsesäften glatt rühren) und Zuckerperlen oder
Hagelzucker »ankleiden« und verzieren.

Spekulatius

150 g weiche Butter, 125 g brauner Zucker, 1 Ei, 1 EL Rum, 1 TL Zimt, je 1 Msp. gemahlene Nelken und Kardamom, 1 TL unbehandelte, abgeriebene Zitronenschale, 75 g gemahlene Mandeln, 250 g Mehl, 1 TL Backpulver

Butter und Zucker schaumig rühren. Das Ei und den Rum unterrühren. Zimt, Nelken, Kardamom, Zitronenschale und Mandeln zufügen. Das Mehl mit dem Backpulver unterkneten. Teig 2 Stunden kalt stellen. Ein Backblech mit Backpapier auslegen. Den Teig auf bemehlter Arbeitsfläche 3 Millimeter dick ausrollen, mit Spekulatiusförmchen Plätzchen ausstechen. Im vorgeheizten Backofen bei 200 °C (Gas Stufe 3, Umluft 180 °C) etwa 10 Minuten backen. Herausnehmen und die Plätzchen auskühlen lassen.

Walnusswürfel

250 g Honig, 250 g Zucker, 2 TL Natron, 1/4 l Bier, 50 g Butter, 1 TL unbehandelte, abgeriebene Zitronenschale, je 1 TL gemahlene Nelken, Muskat, Zimt, 4 Eier, 500 g Mehl, 150 g gemahlene Walnüsse, 150 g klein geschnittene kandierte Früchte, 200 g Puderzucker, 2 EL Orangensaft, Walnusshälften

Honig und Zucker in einen Topf geben, unter Rühren erhitzen. Danach auskühlen lassen. Das Natron in etwas Bier auflösen und mit dem restlichen Bier unter die Honigmasse rühren. Gewürze und

Eier unterrühren. Das Mehl sieben und nach und nach mit den Nüssen untermischen. Zuletzt die kandierten Früchte zufügen. Ein Backblech mit Backpapier auslegen und den Teig darauf ausrollen. Im vorgeheizten Backofen bei 200 °C (Gas Stufe 3, Umluft 180 °C) etwa 30 Minuten backen. Herausnehmen und auskühlen lassen. Rechtecke von 6 mal 3 Zentimeter schneiden. Puderzucker mit Orangensaft verrühren, die Rechtecke damit glasieren und mit Walnusshälften verzieren.

Würzige Marmeladenplätzchen

200 g weiche Butter, 150 g Zucker, 1 Päckchen Vanillezucker, 2 Eier, 1 TL unbehandelte, abgeriebene Zitronenschale, 2 EL Rum, 300 g Mehl, 2 EL Pfefferkuchengewürz, 1 TL Zimt, 200 g gemahlene Haselnusskerne, 50 g fein geschnittenes Zitronat, 300 g Hagebuttenkonfitüre, 3 EL Johannisbeer- gelee, 100 g gehackte Haselnusskerne

Butter, Zucker und Vanillezucker schaumig rühren. Eier, Zitronenschale und Rum unterrühren. Das Mehl sieben und mit den Gewürzen, Nüssen und dem Zitronat zugeben. Alles gut verkneten und den Teig 2 Stunden kalt stellen. Ein Backblech mit Backpapier auslegen. Den Teig teilen, auf bemehlter Arbeitsfläche 3 Millimeter dick ausrollen. Eine Teigplatte mit der Konfitüre bestreichen. Die zweite Teigplatte auflegen, runde Plätzchen ausstechen. Johannisbeergelee erwärmen, die Plätzchen damit bestreichen. Nüsse aufstreuen. Im vorgeheizten Backofen bei 180 °C (Gas Stufe 2, Umluft 160 °C) etwa 20 Minuten backen.

Knuspersterne

400 g Mehl, 100 g Speisestärke, je 1/2 TL gemahlene
Nelken, Ingwer und Zimt, 1 Prise Salz, 200 g Zucker,
1 Päckchen Vanillezucker, 2 Eier, 3 EL Rum,
125 g gemahlene Walnusskerne, 250 g kalte Butter,
200 g Puderzucker, 2 EL Zitronensaft, Zuckerperlen,
Pistazien, unbehandelte, klein geschnittene Orangenschale

Mehl, Speisestärke, Nelken, Ingwer, Zimt und Salz mischen.
In die Mitte eine Vertiefung drücken. Zucker, Vanillezucker,
Eier, Rum und Nüsse hineingeben, etwas Mehl vom Rand
darüberstreuen. Einen dicken Brei herstellen. Die Butter in
Stückchen obenauf legen. Die Zutaten von der Mitte her zu einem

glatten Teig verkneten und 30 Minuten kalt stellen. Ein Backblech mit Backpapier auslegen. Den Teig auf bemehlter Arbeitsfläche 3 Millimeter dick ausrollen, Sterne ausstechen und auf das Backblech legen. Im vorgeheizten Backofen bei 200 °C (Gas Stufe 3, Umluft 180 °C) etwa 10 Minuten backen. Herausnehmen und auskühlen lassen. Puderzucker mit Zitronensaft verrühren und die Sterne damit glasieren. Mit Zuckerperlen, Pistazien und Orangenschale verzieren.

Elisenlebkuchen

2 Eier, 200 g Zucker, 1 Päckchen Vanillezucker,
1/2 TL gemahlene Nelken, 3 EL Rum,
1 TL unbehandelte, abgeriebene Zitronenschale,
150 g gemahlene Mandeln, 1/2 TL Backpulver,
125 g gemahlene Haselnusskerne, je 50 g fein geschnittenes Zitronat und Orangeat, Backoblaten von 6 Zentimeter Durchmesser, 150 g Zartbitterschokolade

Eier, Zucker und Vanillezucker schaumig rühren. Nelken, Rum und Zitronenschale unterrühren. Mandeln und Backpulver mischen und mit den Haselnusskernen und dem Zitronat und Orangeat unterrühren, sodass eine streichfähige Masse entsteht. Jeweils 1 Teelöffel auf eine Backoblate kuppelförmig aufstreichen. Die Oblaten auf ein Backblech setzen und im vorgeheizten Backofen bei 140 °C (Gas Stufe 1, Umluft 120 °C) etwa 20 Minuten backen. Schokolade zerkleinern, über heißem Wasserbad schmelzen und die Elisenlebkuchen damit bestreichen und zum Trocknen auf ein Kuchengitter setzen.

Russische Rumkugeln

225 g Butter, 200 g Puderzucker, 2 Eigelb,
6 Fäden Safran, 100 ml Rum, 500 g Mehl

Die Butter mit dem Puderzucker und den Eigelben schaumig
rühren. Safran in Rum auflösen und zur Buttermasse geben.
Das Mehl sieben und nach und nach unterkneten. 30 Minuten
kalt stellen. Aus dem Teig Kugeln von 3 Zentimeter Durchmesser
formen, etwas flach drücken. Ein Backblech mit Backpapier
auslegen und die Rumkugeln daraufsetzen. Im vorgeheizten
Backofen bei 180 °C (Gas Stufe 2, Umluft 160 °C) etwa
12 Minuten backen.

Hirschhornplätzchen

350 g Mehl, 125 g Zucker, 1 Ei, 1 Prise Salz,
1 TL Hirschhornsalz, 200 g kalte Butter, 1 Eiweiß,
100 g Zucker, 1/2 TL Zimt, 125 g gehackte Mandeln

Das Mehl in eine Schüssel sieben und in die Mitte eine Vertiefung
drücken. Zucker, Ei und Salz hineingeben. Das Hirschhornsalz in
wenig Wasser auflösen und ebenfalls in die Vertiefung geben. Mit
einem Teil des Mehls einen dicken Brei bereiten. Die Butter in
Stücken obenauf legen, mit Mehl bedecken und mit den Händen
von der Mitte her alle Zutaten zu einem glatten Teig verkneten.
1 Stunde kalt stellen. Den Teig auf bemehlter Arbeitsfläche dünn
ausrollen, mit einer Ausstechform oder einem Glas von

5 Zentimeter Durchmesser Plätzchen ausstechen. Ein Backblech mit Backpapier auslegen, die Plätzchen daraufgeben und mit Eiweiß bestreichen. Zucker, Zimt und Mandeln mischen und die Plätzchen damit bestreuen. Im vorgeheizten Backofen bei 200 °C (Gas Stufe 3, Umluft 180 °C) etwa 8–10 Minuten backen.

Pfefferkuchenküsse

100 g Honig, 1/2 TL Zimt, 1/2 TL gemahlene Nelken, 300 g Mehl, 10 g Natron, 30 g Schweineschmalz, 1 TL unbehandelte, abgeriebene Zitronenschale, 80 g Zucker, 1 Ei, 200 g Puderzucker, 2 EL Zitronensaft, Zuckerperlen

Honig mit Zimt und Nelken leicht erwärmen. 1 Esslöffel Wasser unterrühren und auskühlen lassen. Mehl und Natron mischen und in eine Schüssel sieben. In die Mitte eine Vertiefung drücken. Schweineschmalz, Zitronenschale, Zucker und Ei in die Vertiefung geben. Die Honigmischung dazugeben und etwas Mehl vom Rand darüberstreuen. Die Zutaten von der Mitte her mit den Händen zu einem glatten Teig verkneten. 30 Minuten kalt stellen. Den Teig auf bemehlter Arbeitsfläche 5 Millimeter dick ausrollen. Kreise, Herzen, Sterne und Monde ausstechen. Ein Backblech einfetten und mit Mehl bestäuben, die Pfefferkuchenküsse auflegen. Im vorgeheizten Backofen bei 200 °C (Gas Stufe 3, Umluft 180 °C) etwa 12 Minuten backen. Puderzucker und Zitronensaft verrühren, die Pfefferkuchenküsse damit glasieren. Zucker-perlen aufstreuen.

Dominosteine

Für den Teig:

300 g Honig, 50 g brauner Zucker, 50 g Butter,
2 Eier, 1 Prise Salz, 1 Prise gemahlene Nelken,
1/2 TL Zimt, 1 Prise gemahlener Kardamom,
400 g Mehl, 1 Päckchen Backpulver, 3 EL Kakao

Für die Füllung:

250 g Marzipan-Rohmasse, 200 g Puderzucker,
400 g Johannisbeergelee, 3 EL Rum

Für die Glasur:

500 g Puderzucker, 3 EL Kakao, 50 g Kokosfett

Honig, Zucker und Butter in einem Topf erhitzen, in eine Schüssel umfüllen und auskühlen lassen. Eier und Gewürze einrühren. Das Mehl mit dem Backpulver und dem Kakao mischen, auf die Masse sieben und einarbeiten. Ein Backblech einfetten, den Teig darauf-geben und glatt streichen. Im vorgeheizten Backofen bei 180 °C (Gas Stufe 2, Umluft 160 °C) etwa 20 Minuten backen. Auskühlen lassen. Die Kuchenplatte in 2,5 Zentimeter große Würfel schneiden und waagerecht durchschneiden. Die Marzipan-Rohmasse mit dem Puderzucker verkneten und ausrollen. Ebenfalls in 2,5 Zentimeter große Quadrate schneiden und auf die Teighälften legen. Das Gelee mit dem Rum verrühren, auf das Marzipan streichen und die übrigen Teighälften auflegen. Puderzucker und Kakao mit 4–5 Esslöffel heißem Wasser verrühren, das Kokosfett zerlassen, auskühlen lassen und unterrühren. Die Quadrate in die Glasur tauchen und trocknen lassen.

Bunte Pfefferkuchen

Für den Teig:

350 g Honig, 350 g Zucker, 70 g Butter, 4 EL Kakao, 750 g Mehl, 1/2 TL Zimt, 5 g Kardamom, 1 TL unbehandelte, abgeriebene Zitronenschale, 150 g gehackte Mandeln, je 50 g fein geschnittenes Zitronat und Orangeat, 1 Ei, 10 g Hirschhornsalz, 5 g Pottasche, 1 EL Rum

Für die Glasur:

300 g Puderzucker, 2 EL Zitronensaft, Lebensmittelfarbe, Zuckerperlen zum Verzieren

Für den Teig Honig, Zucker und Butter in einen Topf geben, unter Rühren erhitzen und auskühlen lassen. Den Kakao mit dem Mehl mischen, in eine Schüssel sieben und mit Zimt, Kardamom, Zitronenschale, Mandeln, Zitronat und Orangeat mischen. Die Honigmasse und das Ei zugeben. Hirschhornsalz mit etwas Wasser, die Pottasche mit dem Rum verrühren und ebenfalls zugeben. Einen glatten Teig bereiten. Mit einem Tuch bedecken und über Nacht an einem kalten Platz ruhen lassen. Am nächsten Tag Teig auf bemehlter Arbeitsfläche 5 Millimeter dick ausrollen und Monde, Sterne, Herzen und Kreise ausstechen. Ein Backblech einfetten, die Pfefferkuchen auflegen und im vorgeheizten Backofen bei 180 °C (Gas Stufe 2, Umluft 160 °C) etwa 12 Minuten backen. Herausnehmen und auskühlen lassen. Für die Glasur den Puderzucker sieben und mit Zitronensaft sowie 1–2 Tropfen Lebensmittelfarbe verrühren. Die Pfefferkuchen damit glasieren und mit Zuckerperlen verzieren.

Nürnberger Lebkuchen

Für den Teig:
5 Eier, 300 g Zucker, 1/2 TL abgeriebene,
unbehandelte Zitronenschale, 1/2 TL Kardamom,
1 Prise gemahlene Nelken, 2 TL Zimt,
1 TL Muskat, 200 g gemahlene Mandeln,
je 80 g fein geschnittenes Zitronat und Orangeat,
125 g Butter, 400 g Mehl, 1/2 TL Backpulver,
Backoblaten von 6 Zentimeter Durchmesser,
200 g Puderzucker, 2 TL Zitronensaft

Die Eier trennen. Die Eigelbe mit dem Zucker schaumig schlagen.
Zitronenschale, Kardamom, Nelken, Zimt, Muskat, Mandeln,
Zitronat, Orangeat unterrühren. Die Butter zerlassen und
ausgekühlt zum Teig geben. Mehl und Backpulver mischen, auf den
Teig sieben und einarbeiten. Das Eiweiß steif schlagen und
unterheben. Den Teig 1 Zentimeter dick auf die Oblaten streichen.
Ein Backblech mit Backpapier auslegen, die Lebkuchen aufsetzen
und im vorgeheizten Backofen bei 180 °C (Gas Stufe 2, Umluft
160 °C) etwa 20 Minuten backen. Herausnehmen und auskühlen
lassen. Den Puderzucker sieben und mit dem Zitronensaft
verrühren. Die Lebkuchen damit überziehen.

Variante

Man kann die Nürnberger Lebkuchen auch mit einem Schoko-
ladenguss überziehen. Dafür 200 Gramm Zartbitterschokolade
und 20 Gramm weiches Kokosfett über heißem Wasserbad
verrühren, schmelzen lassen und die Lebkuchen damit bestreichen.

Teeplätzchen

150 g Korinthen, 125 g Sultaninen, 250 ml frisch gebrühter schwarzer Tee, je 50 g fein geschnittenes Zitronat und Orangeat, 250 g brauner Zucker, 1 TL Zimt, 1 TL gemahlener Piment, 2 Eier, 100 g Ingwerkonfitüre, 1 TL unbehandelte, abgeriebene Zitronenschale, 50 g gehackte Mandeln, 500 g Mehl, 1 Päckchen Backpulver, 250 g Zartbitterschokolade, Mandeln, kandierter Ingwer und kandierte Kirschen zum Verzieren

Korinthen und Sultaninen in eine Schüssel geben und mit dem Tee übergießen. Zugedeckt über Nacht stehen lassen. Zitronat und Orangeat untermischen. Den Zucker in eine andere Schüssel füllen und mit Zimt und Piment vermengen. Die Eier zugeben und unterrühren. Ingwerkonfitüre, Zitronenschale und Mandeln ebenfalls unterrühren. Mehl und Backpulver mischen, sieben, nach und nach zufügen und einen glatten Teig bereiten. Zum Schluss die abgetropfte Korinthen-mischung untermengen. Ein Backblech mit Backpapier auslegen, den Teig daraufgeben und glatt streichen. Im vorgeheizten Backofen bei 200 °C (Gas Stufe 3, Umluft 180 °C) etwa 25 Minuten backen. Herausnehmen und auskühlen lassen. Aus der Kuchenplatte 4 Zentimeter große Würfel schneiden. Die Schokolade zerkleinern und über heißem Wasserbad schmelzen. Die Würfel damit überziehen und mit Mandeln, Ingwer und Kirschen verzieren.

Tipp

Zitronat wird aus der bis zu zwei Kilogramm schweren Zitronat-zitrone hergestellt. Orangeat nennt man die kandierten Fruchtschalen der Bitterorange (Pomeranze).

Walnussplätzchen

250 g Honig, 100 g brauner Zucker, 70 g Butter, 400 g Mehl,
125 g gehackte Walnusskerne, 2 TL Pfefferkuchengewürz,
1 TL Anissamen, 10 g Pottasche, 3 EL Rum,
250 g Zartbitterkuvertüre, Walnusshälften

Honig, Zucker und Butter in einen Topf geben, erhitzen und wieder
auskühlen lassen. Das Mehl sieben und mit den Nüssen, dem
Pfefferkuchengewürz und den Anissamen vermengen, die
Honigmischung zugeben. Pottasche und Rum verrühren und
ebenfalls zugeben, alles zu einem glatten Teig verkneten. Den Teig
über Nacht ruhen lassen. Ein Backblech mit Butter einfetten. Den
Teig auf bemehlter Arbeitsfläche ausrollen und auf das Backblech

legen. Im vorgeheizten Backofen bei 200 °C (Gas Stufe 3, Umluft 180 °C) etwa 15 Minuten backen. Herausnehmen und auskühlen lassen. Die Kuchenplatte in 4 Zentimeter große Würfel schneiden. Die Kuvertüre zerkleinern, über heißem Wasserbad schmelzen, die Würfel damit überziehen und mit Walnusshälften verzieren.

Dunkle Pfefferkuchenwürfel

250 g Honig, 125 g Butter, 2 Eier, 125 g Zucker, 10 g Pottasche, 3 EL Rum, 400 g Mehl, 2 EL Pfefferkuchengewürz, 1 TL unbehandelte, abgeriebene Zitronenschale, 2 EL Kakao, je 75 g fein geschnittenes Zitronat und Orangeat, 100 g gehackte Mandeln, 100 g ganze Mandeln, 50 g kandierte Kirschen, 1 Eiweiß

Honig und Butter erhitzen, danach auskühlen lassen. Eier und Zucker schaumig schlagen, die Honigmischung zugeben und unterrühren. Pottasche mit 1 Esslöffel Rum verrühren und zugeben. Das Mehl sieben und mit dem Pfefferkuchengewürz, der Zitronenschale, dem restlichen Rum, Kakao, Zitronat, Orangeat und den gehackten Mandeln zugeben und alles zu einem glatten Teig verkneten. Ein Backblech mit Butter einfetten. Den Teig auf bemehlter Arbeitsfläche ausrollen und auf das Backblech geben. Die ganzen Mandeln überbrühen, mit kaltem Wasser abschrecken und die Haut entfernen. Kirschen halbieren. Mandeln und Kirschen auf dem Teig anordnen. Eiweiß mit 1 Esslöffel Wasser verquirlen und den Teig damit bestreichen. Im vorgeheizten Backofen bei 180 °C (Gas Stufe 2, Umluft 160 °C) etwa 20 Minuten backen. Auskühlen lassen und in 4–5 Zentimeter große Würfel schneiden.

Saure-Sahne-Plätzchen

100 g Butter, 400 g Honig, 150 g Mehl, 100 g Roggenmehl, 2 TL Backpulver, 1 Prise Salz, 200 ml saure Sahne, 3 Eier, 1 TL unbehandelte, abgeriebene Zitronenschale, je 1 TL gemahlene Nelken, Zimt, Ingwer und Kardamom, 200 g Korinthen, 200 g Puderzucker, 2 EL Rum, Schokoladenstreusel

Butter und Honig in einen Topf geben, unter Rühren erhitzen, danach auskühlen lassen. Mehl, Roggenmehl, Backpulver und Salz mischen, sieben und nach und nach in die Buttermischung geben. Saure Sahne und die Eier unterkneten. Zitronenschale, Gewürze und Korinthen mischen und ebenfalls unterkneten. Ein Backblech einfetten. Den Teig auf bemehlter Arbeitsfläche 5 Millimeter dick ausrollen, Kreise von 5 Zentimeter Durchmesser ausstechen und auf das Backblech geben. Im vorgeheizten Backofen bei 180 °C (Gas Stufe 2, Umluft 160 °C) etwa 12 Minuten backen. Herausnehmen und auskühlen lassen. Puderzucker und Rum verrühren, die Plätzchen damit glasieren und mit Schokoladenstreuseln verzieren.

Tipp

Ingwer gibt den Plätzchen einen süßlich-aromatischen und leicht brennenden Geschmack. Ingwer erhält man im Handel frisch, gemahlen, getrocknet, kandiert, in Sirup eingelegt oder als Konfitüre. Nelken und Zimt geben dem Backwerk Würze. Kardamom spielt eine »scharfe« Rolle. Man bekommt ihn ganz oder gemahlen im Handel. Besonders bei der Weihnachtsbäckerei ist Kardamom gern im Spiel. Anstelle von Rum können Sie für die Glasur der Saure-Sahne-Plätzchen übrigens auch Zitronen- oder Orangensaft verwenden.

Feigenplätzchen

Für den Teig:

300 g Mehl, 2 TL Backpulver, 125 g Zucker, 1 Päckchen Vanillezucker, 1 EL unbehandelte, abgeriebene Orangenschale, 1 Prise Salz, 1 TL Zimt, 1 TL Pfefferkuchengewürz, 2 EL Kakao, 1 Ei, 3 EL Milch, 150 g kalte Butter

Für den Belag:

800 g getrocknete Feigen, 5 EL Weißwein, je 1/2 TL gemahlener Kardamom und Nelkenpulver, 1 Ei, 3 EL Kokosflocken

Mehl und Backpulver mischen, in eine Schüssel sieben und in die Mitte eine Vertiefung drücken. Zucker, Vanillezucker, Orangenschale, Salz, Zimt, Pfefferkuchengewürz, Kakao, Ei und Milch hineingeben, mit etwas Mehl vom Rand bestäuben und einen dicken Brei bereiten. Die Butter in Stückchen schneiden und obenauf geben, etwas Mehl darüberstäuben. Von der Mitte her alle Zutaten mit den Händen zu einem glatten Teig verkneten. Zu einer Kugel formen, in Alufolie wickeln und 30 Minuten kalt stellen. Ein Backblech mit Backpapier auslegen. Den Teig auf bemehlter Arbeitsfläche 5 Millimeter dick ausrollen. Runde Plätzchen von 5 Zentimeter Durchmesser ausstechen und auf dem Backblech anordnen. Für den Belag die Feigen fein schneiden, dabei den harten Stielansatz entfernen. Die Feigen mit dem Wein, Kardamom, Nelken und dem Ei mischen. Die Masse auf die Plätzchen klecksen und Kokosflocken darüberstreuen. Im vorgeheizten Backofen bei 180 °C (Gas Stufe 2, Umluft 160 °C) etwa 15 Minuten backen.

Verzuckerte Printen

300 g Mehl, 2 TL Backpulver, 125 g Zuckerrübensirup, 50 g Zucker, 1 Prise Salz, 50 g Butter, 3 EL Milch, 70 g zerkleinerter brauner Kandiszucker, 1 TL unbehandelte, abgeriebene Zitronenschale, je 1/2 TL gemahlener Anis, Nelken und Zimt, 3 EL Milch, 100 g Hagelzucker

Mehl und Backpulver vermischen. Sirup und Zucker erhitzen, Salz, Butter und die Milch einrühren. Vom Herd nehmen und auskühlen lassen. Kandiszucker, Zitronenschale und die Gewürze einrühren. Nach und nach die Mehlmischung zugeben. Den Teig 30 Minuten kalt stellen. Ein Backblech einfetten. Den Teig auf bemehlter Arbeitsfläche ausrollen, Rechtecke von 6 mal 2 Zentimeter schneiden und auf das Backblech legen. Mit Milch bestreichen, Hagel-zucker aufstreuen. Im vorgeheizten Backofen bei 180 °C (Gas Stufe 2, Umluft 160 °C) etwa 10 Minuten backen.

Nelkenplätzchen

250 g Butter, 200 g Puderzucker, 50 g flüssiger Honig, 1 TL unbehandelte, abgeriebene Zitronenschale, 1 Päckchen Vanillezucker, 1 TL gemahlene Nelken, 1/2 TL gemahlener Kardamom, 200 ml Milch, 500 g Mehl, 200 g Puderzucker, 2–3 EL Granatapfelsaft oder Zitronensaft

Butter und Puderzucker schaumig rühren. Honig, Zitronenschale, Vanillezucker und Gewürze zugeben. Die Milch unterrühren. Das

Mehl sieben und nach und nach unterkneten. Den Teig 30 Minuten kalt stellen. Danach auf bemehlter Arbeitsfläche 1 Zentimeter dick ausrollen. Kreise von 6 Zentimeter Durchmesser ausstechen. Ein Backblech mit Backpapier auslegen, die Plätzchen auflegen. Im vorgeheizten Backofen bei 200 °C (Gas Stufe 3, Umluft 180 °C) etwa 10 Minuten backen. Puderzucker und Fruchtsaft verrühren, die Nelkenplätzchen damit glasieren.

Honigkuchen

Für den Teig:
250 g weiche Butter, 200 g Zucker, 1 Prise Salz,
4 Eier, 100 ml Sahne, 60 g flüssiger Honig,
125 g Mehl, 150 g gemahlene Haselnüsse

Zum Bestreichen und Verzieren:
4 EL Rum, 100 g flüssiger Honig, 200 g Puderzucker,
2 EL Zitronensaft, 100 g geröstete Haselnüsse

Die Butter schaumig rühren, Zucker, Salz und nach und nach die Eier, Sahne und Honig zugeben. Das Mehl sieben und mit den Haselnüssen einrühren. Ein Backblech mit Backpapier auslegen, den Teig daraufgeben und glatt streichen. Im vorgeheizten Backofen bei 180 °C (Gas Stufe 2, Umluft 160 °C) etwa 20 Minuten backen. Herausnehmen, Backpapier abziehen, den Kuchen mit Rum beträufeln, den Honig aufstreichen und auskühlen lassen. Würfel von 4 Zentimeter Größe aus der Kuchenplatte schneiden. Den Puderzucker mit dem Zitronensaft zu einer dickflüssigen Masse verrühren und die Würfel damit glasieren. Mit Haselnüssen verzieren.

Korianderplätzchen

200 g Butter, 175 g Zucker, 3 Eier, 1 Prise Salz, 300 g Mehl, 1/4 TL Hirschhornsalz, 125 g gehackte Mandeln, 4 EL Hagelzucker, 50 g zerstoßene Korianderkörner, 150 g Orangenkonfitüre

Butter und Zucker schaumig rühren. Die Eier unterrühren. Salz zufügen, das Mehl aufsieben. Das Hirschhornsalz in wenig Wasser auflösen und zum Teig geben. Alles gut verrühren. Ein Backblech einfetten und den Teig aufstreichen. Mandeln, Hagelzucker und Koriander mischen, auf den Teig streuen und im vorgeheizten Backofen bei 200 °C (Gas Stufe 3, Umluft 180 °C) etwa 10 Minuten backen. Herausnehmen und in 3 Zentimeter große Quadrate schneiden. Waagerecht durchschneiden, die Hälfte der Plätzchen mit Orangenkonfitüre bestreichen, die restlichen Plätzchen aufsetzen.

Würzige Schmantplätzchen

4 Eier, 200 g Butter, 400 g Honig, 200 g Mehl, je 1/2 TL gemahlener Zimt, Nelken und Ingwer, 2 TL Backpulver, 150 g Roggenmehl, 200 g Schmant, 200 g Puderzucker, 1 EL Zitronensaft, 1 TL zerlassenes Kokosfett, kandierte Früchte

Die Eier trennen. Butter und Honig in einen Topf geben, erhitzen, vom Herd nehmen, in eine Schüssel füllen und auf Zimmertemperatur auskühlen lassen. Eigelbe unterrühren. Das Mehl mit den Gewürzen und dem Backpulver mischen und in eine Schüssel sieben. Das Roggenmehl untermischen. Danach die Butter-Honig-Mischung und den Schmant unterrühren. Das Eiweiß steif schlagen und unterziehen. Ein Backblech mit Backpapier auslegen und den Teig daraufgeben. Im vorgeheizten Backofen bei 180 °C (Gas Stufe 2, Umluft 160 °C) etwa 20 Minuten backen. Aus dem Teig 4 Zentimeter große Würfel schneiden. Puderzucker mit dem Zitronensaft und dem Kokosfett verrühren und die Würfel damit glasieren. Mit kandierten Fruchtstückchen verzieren.

Dunkle Rumplätzchen

200 g Zartbitterkuvertüre, 200 g Mehl,
1 TL Backpulver, 6 Eier, 250 g weiche Butter,
400 g Puderzucker, 150 g gemahlene Haselnüsse,
50 ml Rum, 1 TL Zimt, 1 TL Pfefferkuchengewürz,
2 EL Rum, 1 TL Öl, Zuckerperlen, Schokoladenstreusel

Kuvertüre zerkleinern. Mehl und Backpulver mischen und sieben. Die Eier trennen. Butter, 200 Gramm Puderzucker und Eigelbe schaumig rühren. Kuvertüre, Nüsse und Rum unterrühren. Mehl, Zimt und Pfefferkuchengewürz unter die Buttermischung rühren. Eiweiß steif schlagen und unterziehen. Ein Backblech mit Backpapier auslegen, den Teig aufstreichen. Im vorgeheizten Backofen bei 180 °C (Gas Stufe 2, Umluft 160 °C) etwa 20 Minuten backen. Herausnehmen und auskühlen lassen. In Quadrate von 4 Zentimeter Durchmesser schneiden. Restlichen Puderzucker, Rum und Öl verrühren, die Quadrate damit glasieren und mit Zuckerperlen und Schokoladenstreuseln verzieren.

Spitzkuchen

Für den Teig:

200 g Sirup oder Honig, 50 g brauner Zucker, 50 g Butter,
100 g gehackte Mandeln, 1 EL Kakao, 1 Prise Salz, 1/2 TL Zimt,
1 Prise gemahlene Nelken, 1 TL unbehandelte, abgeriebene
Orangenschale, 250 g Mehl, 2 TL Backpulver

Für Glasur und Verzierung:

125 g Johannisbeergelee, 200 g Puderzucker, 1 EL Kakao,
30 g zerlassenes Kokosfett

Sirup, Zucker und Butter in einem Topf erhitzen, in eine Schüssel füllen und abkühlen lassen. Mandeln, Kakao, Salz, Zimt, Nelken und Orangenschale einrühren. Das Mehl mit dem Backpulver mischen, darübersieben und einen glatten Teig bereiten. Den Teig 2 Stunden kalt stellen, dann zu 3 Zentimeter dicken Rollen formen. Ein Backblech mit Backpapier auslegen. Die Rollen auflegen und im vorgeheizten Backofen bei 180 °C (Gas Stufe 2, Umluft 160 °C) etwa 15 Minuten backen. Herausnehmen und noch warm in Keile schneiden. Johannisbeergelee erhitzen, die Spitzkuchen damit bestreichen. Für die Glasur den Puderzucker sieben, mit Kakao und 2 Esslöffel heißem Wasser verrühren, das Kokosfett unterrühren. Die Spitzkuchen damit überziehen.

Tipp

Der Duft von Gewürznelken gehört zur Adventszeit wie der Adventskranz. Gewürznelken gibt es getrocknet, ganz oder gemahlen im Handel zu kaufen. Sie haben ein intensives Aroma und sollten deshalb sparsam dosiert werden.

Fruchtstückchen

125 g getrocknete Preiselbeeren, 200 g Korinthen, 200 g Sultaninen, 200 g fein geschnittene, getrocknete Aprikosen, 2 TL unbehandelte, abgeriebene Zitronenschale, 2 EL Zitronensaft, 200 ml Rum, 250 g weiche Butter, 250 g Zucker, 4 Eier, 2 EL Milch, 300 g Mehl, je 1 TL gemahlene Muskatnuss, Piment und Zimt, 125 g gehackte Mandeln, 6 EL Rum, 250 g Zartbitterschokolade

Preiselbeeren, Korinthen, Sultaninen, Aprikosen, Zitronenschale und Zitronensaft in eine Schüssel füllen und mit Rum begießen. Zugedeckt über Nacht an einem kalten Platz ziehen lassen. Die Butter mit dem Zucker schaumig rühren. Die Eier unterrühren und die Milch zugeben. Das Mehl mit den Gewürzen mischen, sieben und nach und nach mit den Rumfrüchten und den Mandeln unter die Buttermischung rühren. Ein Backblech mit Backpapier auslegen und den Teig daraufgeben. Im vorgeheizten Backofen bei 180 °C (Gas Stufe 2, Umluft 160 °C) etwa 25 Minuten backen. Herausnehmen und auskühlen lassen. Das Backpapier abziehen, mit einem Holzstäbchen Löcher in die Kuchenplatte stechen und mit dem Rum tränken. Danach die Kuchenplatte in 4 Zentimeter große Würfel schneiden. Die Schokolade zerkleinern, über heißem Wasserbad schmelzen und die Würfel damit überziehen.

Tipp

Zimtstangen und gemahlenen Zimt sollten Sie stets in einer fest verschlossenen Dose und nicht länger als zwölf Monate aufbewahren, sonst verflüchtigt sich das Aroma.

Die Warmen

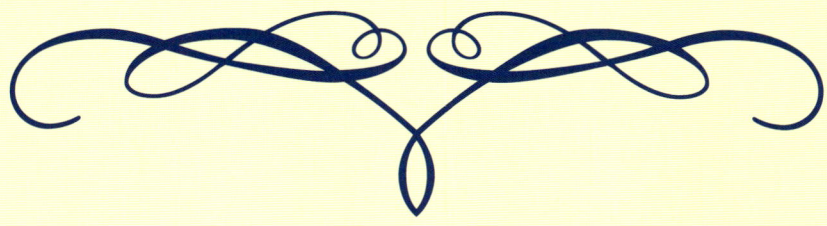

Am besten schmecken diese duftenden, verführerischen Kränze, Röllchen, Quarkstangen, Zimtküchlein, Zitrus- oder Aprikosenplätzchen noch warm — gleich von der Hand in den Mund. Die Zubereitung ist einfach und geht schnell, deshalb sind diese Plätzchen auch praktisch, falls unerwartet Gäste kommen.

Leipziger Ringelschwänzchen

50 g weiche Butter, 80 g Zucker, 1 Prise Salz, 2 Eier,
6 EL Weißwein, 250 g Mehl, 1/2 TL gemahlener Ingwer,
Sonnenblumenöl zum Ausbacken, Puderzucker zum Bestäuben

Butter, Zucker, Salz und Eier schaumig rühren. Den Weißwein
einrühren. Das Mehl sieben und mit dem Ingwer zugeben. Einen
glatten Teig bereiten. Auf bemehlter Arbeitsfläche 8 Millimeter
dick ausrollen. Stücke von 2 Zentimeter Breite und 12 Zentimeter
Länge ausschneiden, über einen Quirlstiel drehen, in erhitztes Öl
gleiten lassen und goldgelb ausbacken. Mit Puderzucker bestäuben.

Leipziger Räbchen

Für den Teig:
1/4 l Bier, 1 EL Öl, 50 g Zucker, 250 g Mehl, 2 Eiweiß

Für die Füllung:
150 g gemahlene Mandeln, 100 g Zucker, 50 g weiche Butter,
50 g Rosinen, 50 g fein geschnittenes Orangeat, 3 EL Rum,
1 kg Pflaumen, Sonnenblumenöl zum Ausbacken, Zimtzucker

Das Bier mit dem Öl und dem Zucker verrühren. Das Mehl sieben
und nach und nach unterrühren. Das Eiweiß steif schlagen und
unterheben. Für die Füllung die Mandeln mit dem Zucker, der Butter,
den Rosinen, dem Orangeat und dem Rum mischen. Die Pflaumen
waschen, etwas einritzen, entsteinen und mit der Masse füllen. Öl

erhitzen, die Pflaumen in den Teig tauchen und schwimmend im Öl ausbacken. Herausnehmen und in Zimtzucker wälzen.

Tipp

Wenn man die Räbchen nur für Erwachsene zubereitet, kann man die Pflaumen auch vor dem Füllen in Pflaumenschnaps einlegen.

Quarkspitzen

80 g weiche Butter, 100 g Zucker, 3 Eier, 1 Prise Salz,
1 TL unbehandelte, abgeriebene Zitronenschale,
2 EL Zitronensaft, 2 EL Rum, 2 EL gemahlene Mandeln,
200 g Quark, 200 g Mehl, 2 TL Backpulver, 2 EL Korinthen,
Sonnenblumenöl zum Ausbacken, Puderzucker zum Bestäuben

Butter und Zucker schaumig rühren. Die Eier unterrühren. Salz, Zitronenschale, Zitronensaft, Rum, Mandeln und Quark zufügen und unterrühren. Mehl und Backpulver mischen, sieben und einrühren. Die Korinthen ebenfalls unterrühren. In einem Topf Öl erhitzen. Mit zwei Teelöffeln Teigstücke abstechen und schwimmend im Öl goldgelb aus- backen. Herausnehmen, abtropfen lassen und mit Puderzucker bestäuben.

Tipp

Streichen Sie den Quark durch ein Sieb, dann wird der Teig feiner. Wenn Sie die gemahlenen Mandeln leicht anrösten, werden Sie mit einem köstlichen Aroma belohnt. Anstelle von Zitronensaft und -schale können Sie auch den Saft und die Schale einer Limette verwenden.

Mutzenmandeln

500 g Mehl, 2 TL Backpulver, 150 g Zucker, 1 EL Rum, 3 Eier, 150 g kalte Butter, Sonnenblumenöl zum Ausbacken, Zimtzucker

Mehl und Backpulver in eine Schüssel sieben. In die Mitte eine Vertiefung drücken. Zucker, Rum und Eier hineingeben. Die Butter in Stückchen obenauf legen. Etwas Mehl vom Rand darüberstreuen. Die Zutaten von der Mitte her zu einem glatten Teig verkneten. 30 Minuten kalt stellen. Den Teig auf bemehlter Arbeitsfläche 1 Zentimeter dick ausrollen, Mutzenmandeln ausstechen oder mit den Händen Mandeln formen und in erhitztem Öl goldgelb ausbacken. Herausnehmen, abtropfen lassen und in Zimtzucker wälzen.

Porzeln

250 g weiche Butter, 250 g Zucker, 4 Eier, 1/2 l Milch, 3 EL Rum, 1 kg Mehl, 2 Päckchen Backpulver, 250 g Rosinen, 50 g fein geschnittenes Zitronat, Sonnenblumenöl zum Ausbacken, Puderzucker zum Bestäuben

Butter und Zucker verrühren. Nach und nach Eier, Milch und Rum einrühren. Mehl und Backpulver sieben. Nach und nach zur Buttermischung geben. Zuletzt die Rosinen und das Zitronat untermengen. Aus dem Teig pflaumengroße Kugeln formen. In einem Topf Öl erhitzen, die Kugeln darin goldgelb backen. Herausnehmen, abtropfen lassen und mit Puderzucker bestäuben.

Quarkstangen

300 g Quark, 2 Eier, 100 g Zucker, 50 g weiche
Butter, 200 g Mehl, 1 TL Backpulver, 1 Prise Salz,
1 TL unbehandelte, abgeriebene Zitronenschale,
Sonnenblumenöl zum Ausbacken, Zimtzucker

Quark, Eier, Zucker und Butter verrühren. Mehl und Backpulver
mischen, sieben und mit dem Salz und der Zitronenschale
einarbeiten. Einen glatten Teig herstellen. Kleine Stangen formen
und in Öl goldgelb ausbacken. Mit Zimtzucker bestreuen.

Vogelnester

1 kg Mehl, 4 EL Sahne, 8 Eier, 250 g Butter,
4 EL Rum, 100 g Zucker, Sonnenblumenöl
zum Ausbacken, Puderzucker zum Bestäuben

Das Mehl in eine Schüssel sieben. In die Mitte eine
Vertiefung drücken. Sahne, Eier, Butter in Stückchen,
Rum und Zucker hineingeben. Von der Mitte her alles
zu einem glatten Teig verkneten. Auf bemehlter Arbeitsfläche
ausrollen und Kreise von 6 Zentimeter Durchmesser ausstechen.
Die Teigkreise 1 Stunde ruhen lassen, danach in der Mitte mit
einem Teigrädchen etwas einritzen. In einem Topf Öl erhitzen,
die Teigkreise hineingeben und goldgelb ausbacken.
Die Vogelnester herausnehmen, abtropfen lassen und mit
Puderzucker bestäuben.

Ballbäuschen

100 g weiche Butter, 100 g Zucker, 1 Päckchen
Vanillezucker, 1 Prise Salz, 2 Eier,
4 EL Sahne, 250 g Mehl, 1/2 Päckchen
Backpulver, Sonnenblumenöl zum Ausbacken,
Zimt und Puderzucker zum Bestäuben

Butter, Zucker, Vanillezucker, Salz, Eier und Sahne verrühren.
Das Mehl mit dem Backpulver mischen und sieben. Nach und
nach zur Buttermischung geben. Von dem Teig mit zwei Teelöffeln
kleine Bällchen abstechen und in heißem Öl ausbacken. Zimt und
Puderzucker mischen und über die Ballbäuschen sieben.

Zitrusplätzchen

125 g weiche Butter, 100 g Zucker, 3 Eier, 1 TL unbehandelte,
abgeriebene Zitronenschale, 1 Prise Salz, 400 g Mehl,
Sonnenblumenöl zum Ausbacken, Zucker zum Wenden

Butter und Zucker schaumig rühren. Die Eier unterrühren,
Zitronenschale und Salz zufügen. Das Mehl sieben und
untermengen. Einen glatten Teig bereiten. 2 Stunden ruhen lassen.
Den Teig auf bemehlter Arbeitsfläche 3 Millimeter dick ausrollen.
4 Zentimeter große Quadrate ausschneiden. Jedes Teigstück mit
einem Teigrädchen dreimal einschneiden, aber nicht durchschneiden.
Öl erhitzen, die Zitrusplätzchen darin goldgelb ausbacken.
Herausnehmen, abtropfen lassen und in Zucker wenden.

Apfelkücherl

2 Eier, 1/8 l Sahne, 1/8 l Weißwein, 50 g Zucker,
1 Prise Salz, je 1 Msp. gemahlener Muskat,
Nelken und Zimt, 300 g Mehl, 6–8 kleine Äpfel,
Sonnenblumenöl zum Ausbacken, Zimtzucker

Die Eier trennen. Sahne erhitzen und Weißwein einrühren, vom
Herd nehmen und auskühlen lassen. Eigelbe, Salz, Muskat,
Nelken und Zimt einrühren. Das Mehl sieben und ebenfalls
einrühren. Eiweiß steif schlagen und unterheben. Aus den Äpfeln das
Kernhaus ausstechen. Die Äpfel schälen und in Scheiben schneiden.
Öl erhitzen. Die Apfelscheiben in den Teig tauchen und schwimmend
in heißem Öl goldgelb ausbacken. Herausnehmen, abtropfen lassen
und in Zimtzucker wälzen.

Rumecken

50 g Butter, 80 g Zucker, 2 Eier, 1 Prise Salz, 1 Päckchen
Vanillezucker, 3 EL Rum, 250 g Mehl, 1 TL Backpulver,
Sonnenblumenöl zum Ausbacken, Puderzucker zum Bestäuben

Butter, Zucker, Eier, Salz, Vanillezucker und Rum schaumig
rühren. Mehl und Backpulver mischen, sieben und nach und nach
einarbeiten. Den Teig auf bemehlter Arbeitsfläche 5 Millimeter
dick ausrollen. Mit einem Teigrädchen kleine Dreiecke
ausschneiden. Öl erhitzen, die Dreiecke goldgelb ausbacken.
Herausnehmen, abtropfen lassen und mit Puderzucker bestäuben.

Zimtküchlein

500 g Mehl, 1 TL Backpulver, 125 g Zucker, 1 Päckchen Vanillezucker, 1 TL Zimt, 3 Eigelb, 4 EL Rum, 225 g kalte Butter, Sonnenblumenöl zum Ausbacken, Zimtzucker

Mehl und Backpulver mischen, in eine Schüssel sieben und in die Mitte eine Vertiefung drücken. Zucker, Vanillezucker, Zimt, Eigelbe und Rum hineingeben. Etwas Mehl vom Rand zufügen und einen dicken Brei bereiten. Die Butter in Stückchen obenauf legen, mit Mehl bestäuben und die Zutaten von der Mitte her zu einem glatten Teig verkneten. 30 Minuten kalt stellen. Den Teig auf bemehlter Arbeitsfläche 5 Millimeter dick ausrollen. Mit einem Teigrädchen Rauten von 3 mal 8 Zentimeter ausrädeln. In die

Mitte der Rauten jeweils einen 3 Zentimeter langen Schlitz schneiden und die untere Teigecke der Rauten durch den Schlitz ziehen. Öl erhitzen, die Zimtküchlein hineingeben und schwimmend goldgelb ausbacken. Herausnehmen, abtropfen lassen, mit Zimtzucker bestreuen.

Brinkel

Für den Teig:

280 g Mehl, 1 TL Backpulver, 150 g Zucker, 1 Päckchen Vanillezucker, 2 TL Pfefferkuchengewürz, 1 Ei, 2 EL Rum, 125 g kalte Butter, Sonnenblumenöl zum Ausbacken

Für Füllung und Glasur:

20 entsteinte Backpflaumen, 20 Haselnusskerne, 200 g Puderzucker, 2 EL Rum

Mehl und Backpulver mischen und in eine Schüssel sieben. In die Mitte eine Vertiefung drücken. Zucker und Gewürze hineingeben. Ei und Rum zufügen und mit einem Teil des Mehls mischen. Die Butter in Stückchen obenauf legen, mit Mehl bestäuben. Die Zutaten von der Mitte her zu einem glatten Teig verkneten. 30 Minuten kalt stellen. Den Teig auf bemehlter Arbeitsfläche dünn ausrollen und in gleichmäßige Vierecke schneiden. In die Backpflaumen die Haselnusskerne stecken, danach die gefüllten Pflaumen in den Teigstücken verpacken. Öl erhitzen, die Brinkel hineingeben und goldgelb ausbacken. Herausnehmen und abtropfen lassen. Puderzucker und Rum verrühren und die Brinkel damit glasieren.

Heiße Aprikosenplätzchen

50 g weiche Butter, 50 g Zucker, 2 Eier, 1 Prise Salz,
1/4 l Milch, 300 g Mehl, 500 g Aprikosen, Sonnenblumenöl
zum Ausbacken, Zimtzucker

Butter und Zucker schaumig rühren. Eier, Salz und Milch
einrühren. Das Mehl sieben und nach und nach unterrühren.
Den Teig 10 Minuten ruhen lassen. Die Aprikosen waschen,
halbieren, entkernen und in Viertel schneiden. Öl erhitzen.
Die Aprikosenstücke in den Teig tauchen und schwimmend im heißen
Öl goldgelb ausbacken. Herausnehmen, abtropfen lassen und in
Zimtzucker wälzen.

Schmalzröllchen

150 g Butterschmalz, 100 g Zucker, 1 Päckchen Vanillezucker, 4 Eier, 1 Prise Salz, 1 EL Rum,
500 g Mehl, 1 TL Backpulver, Sonnenblumenöl
zum Ausbacken, Puderzucker zum Bestäuben

Butter, Zucker und Vanillezucker schaumig rühren. Eier, Salz
und Rum unterrühren. Mehl und Backpulver mischen, sieben und
nach und nach untermengen. Einen glatten Teig bereiten und auf
bemehlter Arbeitsfläche 5 Millimeter dick ausrollen.
15 Zentimeter lange und 1,5 Zentimeter breite Streifen schneiden
und aufrollen. Öl erhitzen, die Rollen darin goldgelb ausbacken.
Herausnehmen, abtropfen lassen und mit Puderzucker bestäuben.

Schnurdgewuppels

250 g weiche Butter, 125 g Zucker, 4 Eier, 1/4 l Milch,
2 EL Rum, 1 TL unbehandelte, abgeriebene Zitronenschale,
30 g fein geschnittenes Zitronat, 500 g Mehl, 2 Msp. Natron,
Sonnenblumenöl zum Ausbacken, Puderzucker zum Bestäuben

Butter und Zucker schaumig rühren. Die Eier unterrühren. Milch,
Rum, Zitronenschale und Zitronat einrühren. Das Mehl sieben
und mit dem Natron untermengen. Öl erhitzen. Mit 2 Teelöffeln
Klößchen abstechen und schwimmend im Öl goldgelb backen.
Herausnehmen, abtropfen lassen und mit Puderzucker bestäuben.

Russische Kränze

80 g weiche Butter, 80 g Zucker, 2 Eier, 1 TL Natron,
100 ml Milch, 300 g Mehl, 1 EL Zimt,
Sonnenblumenöl zum Ausbacken, Puderzucker zum Bestäuben

Butter und Zucker schaumig rühren. Die Eier unterrühren.
Natron in etwas Milch verrühren und mit der restlichen Milch zur
Buttermischung geben. Mehl und Zimt nach und nach zugeben und
einen glatten Teig bereiten. Auf bemehlter Arbeitsfläche
5 Millimeter dick ausrollen. Kreise von 5 Zentimeter
Durchmesser ausstechen. In der Mitte einen Kreis von
1 Zentimeter Durchmesser ausstechen. Öl erhitzen, die Kränze
hineingeben und goldgelb ausbacken. Abtropfen lassen und mit
Puderzucker bestäuben.

Adorfer Schneeballen

50 g Butter, 1 Prise Salz, 80 g Zucker,
1 Päckchen Vanillezucker, 150 g Mehl,
50 g Speisestärke, 4 Eier, 3 EL Korinthen,
1 TL Backpulver, Sonnenblumenöl
zum Ausbacken, Puderzucker zum Bestäuben

Butter und 1/4 Liter Wasser in einem Topf zum Kochen bringen. Salz, Zucker und Vanillezucker zufügen. Vom Herd nehmen. Das Mehl mit der Speisestärke mischen, sieben und auf einmal in die Flüssigkeit geben. Einen glatten Kloß rühren und noch 1 Minute unter Rühren erhitzen. Den Kloß in eine Schüssel geben und die Eier nacheinander unterarbeiten. Die Korinthen waschen, trocken tupfen und untermischen. Zuletzt das Backpulver in den ausgekühlten Teig einarbeiten. Öl erhitzen. Mit 2 Teelöffeln Teigklößchen abstechen und im heißen Öl ausbacken. Mit Puderzucker bestäuben.

Weißweinplätzchen

100 g weiche Butter, 100 g Zucker, 2 Eigelb, 1 Prise Salz,
100 ml Weißwein, 100 ml Sahne, 1 TL unbehandelte, abgeriebene
Zitronenschale, 300 g Mehl, Sonnenblumenöl zum Ausbacken,
Puderzucker zum Bestäuben

Butter und Zucker schaumig rühren. Eigelbe und Salz unterrühren. Weißwein, Sahne und Zitronenschale zufügen. Das Mehl sieben und nach und nach einarbeiten. Einen glatten Teig bereiten und auf bemehlter Arbeitsfläche dünn ausrollen. Mit einem Teigrädchen Rechtecke von 6 mal 3 Zentimeter ausschneiden. Die Längsseiten der Rechtecke vom äußeren Rand her 1 Zentimeter tief einschneiden, danach die Rechtecke oben und unten zur Mitte hin etwas einrollen. Das Sonnenblumenöl erhitzen und die Plätzchen darin schwimmend goldgelb ausbacken. Herausnehmen, abtropfen lassen und mit Puderzucker bestäuben.

Kleine Prilleken

500 g Mehl, 30 g Hefe, 100 g Zucker, 1 Ei,
1/4 l lauwarme Milch, 80 g weiche Butter,
1 Prise Salz, 1/2 TL unbehandelte, abgeriebene
Zitronenschale, 2 EL Rosinen, Sonnenblumenöl
zum Ausbacken, Puderzucker zum Bestäuben

Das Mehl in eine Schüssel sieben und in die Mitte eine Vertiefung drücken. Die Hefe und 1 Teelöffel Zucker in etwas lauwarmer Milch verrühren und in die Vertiefung gießen. Etwas Mehl vom Rand einrühren und einen Vorteig bereiten. Zugedeckt 20 Minuten gehen lassen. Auf dem Mehlrand den restlichen Zucker, das Ei, die Butter in Flöckchen, das Salz, die Zitronenschale und die Rosinen anordnen. Die Zutaten von der Mitte her zu einem glatten Teig verkneten, dabei die restliche Milch zufügen. Den Teig nochmals zugedeckt an einem warmen Ort 30 Minuten gehen lassen. Den Teig erneut durchkneten, walnussgroße Bällchen formen und in heißem Öl schwimmend goldgelb ausbacken. Herausnehmen, abtropfen lassen und mit Puderzucker bestäuben.

Über dieses Buch

Die Autorin

Oda Tietz ist studierte Germanistin und Journalistin. Seit über 20 Jahren liegt der Schwerpunkt ihrer Arbeit auf den Themen Essen und Trinken. Dabei sind zahlreiche höchst erfolgreiche Kochbücher entstanden. Oda Tietz lebt in Leipzig.

Haftungsausschluss

Die Inhalte dieses Buches sind sorgfältig recherchiert und erarbeitet worden. Dennoch können weder die Autorin noch der Verlag für die Angaben in diesem Buch eine Haftung übernehmen.

Impressum

Es ist nicht gestattet, Abbildungen und Texte dieses Buches zu digitalisieren, auf digitale Medien zu speichern oder einzeln oder zusammen mit anderen Bildvorlagen/Texten zu manipulieren, es sei denn mit schriftlicher Genehmigung des Verlages.

Weltbild Buchverlag
–Originalausgaben–
© 2007 Verlagsgruppe Weltbild GmbH, Steinerne Furt, 86167 Augsburg
Alle Rechte vorbehalten

Projektleitung: Gerald Fiebig
Redaktion: Michaela Röhrl
Umschlaggestaltung: Sabine Müller
Innenlayout: X-Design, München
Satz: avak Publikationsdesign, München
Reproduktion: Point of Media GmbH, Augsburg
Druck und Bindung: Offizin Andersen Nexö Leipzig GmbH, Zwenkau

Gedruckt auf chlorfrei gebleichtem Papier
Printed in the EU
ISBN 978-3-89897-693-0

Hinweis in eigener Sache

Unsere Rezepte werden von erfahrenen Autoren kreiert und erprobt. Wir freuen uns jedoch über Anregungen, Tipps oder Kritik und helfen bei Fragen gerne weiter. Bitte wenden Sie sich an: Weltbild Buchverlag, Steinerne Furt, 86167 Augsburg, oder schicken Sie uns eine E-Mail an: Gabriele.Beck@weltbild.com

Abkürzungen

EL	Esslöffel	ml	Milliliter
g	Gramm	Msp.	Messerspitze
kg	Kilogramm	TL	Teelöffel

Rezepte von A bis Z

Rezepte nach Kapiteln